Brodach/Kreklau/Oehm-Peschel

Wege ins Ausland

H. Georg Brodach
Carsten Kreklau
Christiane Oehm-Peschel

Wege ins Ausland

Ein Ratgeber
für Ausbildung, Beruf und Freizeit
im Ausland

6., neubearbeitete Auflage

Weltforum Verlag
München · Köln · London

CIP-Titelaufnahme der Deutschen Bibliothek

Brodach, Hans Georg:
Wege ins Ausland : ein Ratgeber für Ausbildung, Beruf und Freizeit im Ausland /
H. Georg Brodach; Carsten Kreklau; Christiane Oehm-Peschel.
6., neubearb. Aufl. – München; Köln; London : Weltforum-Verl., 1991
ISBN 3-8039-0380-7
NE: Kreklau, Carsten:; Oehm-Peschel, Christiane:

ISBN 3-8039-0380-7

Marienburger Straße 22, D-5000 Köln 51
Weltforum Verlag, London, c/o Hurst & Co. (Publishers) Ltd.,
1–2 Henrietta St., London WC 2 E 8 PS.

Satz: F. Mendel · Aachen
Druck: SDV Saarbrücker Druckerei und Verlag GmbH
Printed in Germany

Vorwort

Die Entwicklung zu einem Europa der offenen Grenzen hat sich in den letzten Jahren stark beschleunigt. Hierfür sind neben dem Binnenmarktprogramm der EG-Kommission vor allem auch die politischen Bewegungen in Osteuropa ausschlaggebend gewesen. Hierdurch ergeben sich zusätzliche Möglichkeiten und Anreize zu einem Auslandsaufenthalt. Dieses Zusammenwachsen Europas übt darüber hinaus einen gewissen Zwang aus, sich mit unseren Nachbarn zu beschäftigen, Sprachen und Lebensgewohnheiten kennenzulernen.

Die Möglichkeiten zur Teilnahme an Kursen und anderen Auslandsaufenthalten sind vielfältig. Nach wie vor konzentrieren sich die Interessenten jedoch auf einige wenige Institutionen, die aufgrund begrenzter Kapazitäten nicht allen Wünschen und Bewerbungen nachkommen können. Andere Organisationen zur Vermittlung von Auslandsaufenthalten und die durch Städtepartnerschaften, Hochschulkooperationen und weitere Abkommen bestehenden Möglichkeiten werden oft von den Bewerbern gar nicht in Betracht gezogen.

Mit der vorliegenden Schrift beabsichtigen die Verfasser, die Vielfalt der Wege ins Ausland aufzuzeigen und zu dokumentieren, daß für nahezu jeden Interessenten Programme, Stipendien und andere Förderungsmöglichkeiten für Auslandsaufenthalte zur Verfügung stehen. Diese reichen vom Ferienaufenthalt für Schüler über Berufspraktika und -tätigkeiten im Ausland bis hin zum Forschungsaufenthalt für Wissenschaftler in allen Kontinenten.

Jedem einzelnen geben die mit Auslandsaufenthalten verbundenen Eindrücke und Erfahrungen persönlichen Gewinn. Darüber hinaus sind angesichts der fortschreitenden weltwirtschaftlichen Verflechtung und der hohen Exportabhängigkeit der Bundesrepublik Deutschland Aufgeschlossenheit und Engagement gegenüber dem Ausland eine volkswirtschaftliche Notwendigkeit. Es ist daher zu hoffen, daß die sich um die Intensivierung von Auslandskontakten bemühenden privaten und öffentlichen Organisationen in ihren Anstrengungen nicht nachlassen und bestehende Programmlücken erkannt und möglichst bald geschlossen werden.

H. Georg Brodach   Carsten Kreklau   Christiane Oehm-Peschel

Inhaltsverzeichnis

I. Wege ins Ausland

Auslandserfahrungen sind nützlich

Die Öffnung der Länder Europas schreitet rasch voran. Die weltwirtschaftliche Verflechtung nimmt weiter zu. Exporte und Importe steigen. Von außen kommen Strukturveränderungen auf uns zu. Wir müssen hochwertige Waren und Dienstleistungen anbieten. Von Experten und Führungskräften in Wirtschaft, Forschung, Technik und Verwaltung sind nicht nur allgemein höhere berufliche Qualifikationen, sondern besonders auch bessere Kenntnisse über Lebens- und Arbeitsbedingungen im Ausland gefordert. Mitarbeiter mit Auslandserfahrungen haben daher bei der Stellenbesetzung im Inland gegenüber sonst gleichermaßen qualifizierten Kandidaten einen Vorteil. Wer über praktische Auslandserfahrung verfügt, hat nicht nur die größere Karrierechance, sondern kann auch interessantere und abwechslungsreichere Tätigkeiten im Berufsleben übernehmen. Kaufen kann man auch ohne Fremdsprachen- und Länderkenntnisse. Produzieren und verkaufen dagegen auf Dauer nicht. Mit Wettbewerbsvorteilen kann der Führungsnachwuchs nicht nur bei Auslandseinsätzen, sondern ebenso bei inlandsbezogenen Aufgaben rechnen. Personalchefs von Unternehmen messen dem Zuwachs an Eigenständigkeit, Kooperations-, Anpassungs-, aber auch Durchsetzungsfähigkeit, kurz der Persönlichkeitsentfaltung, die von längeren Auslandsaufenthalten zu erwarten ist, zumindest die gleiche Bedeutung zu, wie der Ergänzung der Sprachkenntnisse und des Fachwissens um auslandstypische Erfahrungen. Dennoch haben heute viele große Firmen Schwierigkeiten, ihre Auslandspositionen mit entsprechend qualifizierten Mitarbeitern aus den eigenen Reihen zu besetzen.

Seit je wird der Auslandserfahrung eine positive Wirkung auf die Entwicklung einer weltoffenen, kulturbewußten und sozial verantwortlichen Persönlichkeit beigemessen, und gerade Kinder und Jugendliche sind prägsam für Erlebnisse und Erfahrungen aus dem Ausland, die provinzieller Engstirnigkeit vorbeugen und intellektuelle Neugier über nationale, soziale und kulturelle Grenzen hinaus wecken und fördern. Bekannt ist der Effekt, daß Auslandskontakte den Kindern und Jugendlichen Anlaß sind, sowohl ihre eigene gesellschaftliche Situation zu reflektieren als auch das Ausland betreffende Klischeevorstellungen und Vorurteilskomplexe abzubauen. Und als gesichert gelten kann auch der Zusammenhang, nach dem ein hoher Prozentsatz von auslandsorientierten Kindern in späteren Lebensabschnitten auf sozialem Gebiet tätig werden und ein hohes gesellschaftliches Engagement entwickeln. In

Teilen der heutigen jungen Generation wird oft der Niedergang persönlicher Initiative und individueller Motivation beobachtet, die Verkümmerung jugendlichen Einfallsreichtums, reduzierte Mitmenschlichkeit, wenig konstruktives Denken und Handeln. Eine Erweiterung des persönlichen Erfahrungshorizonts durch interkulturelles Lernen und Handeln kann dem – in Grenzen freilich – entgegenwirken.

In der Schulausbildung beschränkt sich der Fremdsprachenunterricht oftmals in erster Linie auf das Vermitteln von Schulbuchwissen. Da es Fremdsprachenlehrern an ausländischen Praktika fehlt, kann in diesem Zusammenhang von einer Vermittlungslücke gesprochen werden. In diesem Bereich sind Weiterentwicklungen unbedingt notwendig. Die Privatschulorganisationen gehen hier übrigens mit gutem Beispiel voran und forcieren Lehreraustauschprogramme, durch die Lehrern die Möglichkeit gegeben wird, die Länder selbst kennenzulernen und das erworbene Wissen sowie ihre persönlichen Erfahrungen an ihre Schüler weiterzugeben.

Auch ein Auslandsstudium ist von allgemeinem Wert für den geistigen Horizont und die Persönlichkeitsbildung. Es beugt einer ‚provinziellen Abschottung' vor, trägt zur Horizonterweiterung, zum fachlichen Denken in internationalen Kategorien, zur Verbesserung der Sprach- und Landeskenntnisse bei und fördert neben Weltoffenheit, Standfestigkeit und Durchsetzungsvermögen auch die intellektuelle Neugier. Von den insgesamt 1,384 Millionen deutschen Studenten **studieren** (1988) lediglich 25.000 im Ausland, davon ca. drei Viertel in Europa. Allerdings können immerhin 5 Prozent aller deutschen Hochschulabsolventen Auslands**praktika** nachweisen. Der Großteil (80 Prozent) der Studenten beschränkt sich dabei mit seinem Aufenthalt auf Europa, wobei hier Frankreich und Großbritannien den Vorzug fanden. Ein relativ geringer Anteil von 18 Prozent der Hochschulabsolventen, die Praktika nachweisen können, studieren in Amerika. Der Großteil der deutschen Hochschulabsolventen mit Auslandserfahrung (50 Prozent) blieb zwischen 7 und 12 Monaten im Ausland. Hier zeigt sich deutlich, daß die Studenten, die Auslandspraktika wahrnehmen, einen längerfristigen Aufenthalt bevorzugen. Der Grund hierfür liegt sicherlich darin, daß erst ein längerfristiger Auslandsaufenthalt eine vollständige Auseinandersetzung mit Kultur und Sprache erlaubt. Der Studienaufenthalt im Ausland hat meist – vor allem für Studenten der Sprach- und Kulturwissenschaften – fachliche Gründe. Daneben werden von den deutschen Studenten die Studienchancen im Ausland wahrgenommen, die sie im Inland aufgrund von Zulassungsbeschränkungen, vor allem in der Humanmedizin, nicht haben. Gastländer für Medizinstudenten sind daher zunehmend auch sozialistische Staaten wie Rumänien und Ungarn. Dort erreichen die zukünftigen Mediziner mit jeweils 94 Prozent aller dort immatrikulierten deutschen Studenten Rekordquoten.

Gibt es noch Auslandsmüdigkeit?

Wenn in den vergangenen Jahren trotz der Vorteile und Chancen eines Auslandsaufenthalts in der Öffentlichkeit oft von „Auslandsmüdigkeit“ gesprochen wurde, so liegt das im wesentlichen daran, daß den sich bietenden Chancen auch Risiken und Ängste gegenüberstehen. Nach einer von der Carl Duisberg-Gesellschaft zusammen mit dem Bundesverband der Deutschen Industrie (BDI) und dem Deutschen Industrie- und Handelstag (DIHT) durchgeführten Studie sind die Motive für Auslandsscheu vor allem: Familiäre Gründe, Furcht vor Karrierenachteilen, Scheu vor fremden Lebensverhältnissen und finanzielle Nachteile. Bei Studenten dominieren die Furcht vor Zeitverlust beim Studium und Schwierigkeiten bei der Fortsetzung des Studiums in Deutschland. Von seiten der Unternehmen werden als Gründe gegen die Entsendung eines Mitarbeiters ins Ausland vor allem die Unentbehrlichkeit im Betrieb, finanzielle Gründe und übersteigerte berufliche Erwartungen des Mitarbeiters nach der Rückkehr aus dem Ausland genannt. Zu beachten ist ferner, daß die Entwicklung auf dem inländischen Arbeitsmarkt dazu führt, daß der berufstätige Ehepartner oftmals nicht ohne weiteres seine Tätigkeit aufgibt und das Risiko später vielleicht auftretender Reintegrationsschwierigkeiten auf sich nimmt. Das Streben nach Sicherheit, die Angst vor dem Fremden, die oft knapper werdenden privaten Geldmittel der einzelnen, die Befürchtung eines persönlichen Sicherheitsrisikos, politische Instabilität im Ausland schlagen voll durch.

Sicherlich haben Auslandsaufenthalte heutzutage längst nicht mehr den Reiz des Fremden, wie dies in früheren Jahren der Fall war. Durch die Allgegenwart der Medien hat sich der vom Ausland ausgehende Anschein des Neuen, Exotischen in dem Maße verflüchtigt, wie schriftliche und optische Medien bildhafte und komplexere Informationen, auch des fernsten Erdenwinkels, beliebig zugänglich machen. Die universelle Kommunikabilität der Welt – McLuhan spricht vom „Global-Village-Effekt“ – hat das romantische „Ach, wer da mitreisen könnte“ gründlich überholt. Mit der leichten Verfügbarkeit geraten Auslandserfahrungen zu solchen flüchtiger Art. Der Umstand, über die Lebensbedingungen etwa eines Landes der Dritten Welt durch die Massenmedien objektiv und umfassend unterrichtet zu sein, hat nicht entfernt die prägende Kraft, die von einem vielleicht mehrmonatigen Aufenthalt an Ort und Stelle ausgeht. Und nicht zu übersehen ist auch, daß Erzeugnisse der Kulturindustrie oft nur oberflächliche Identifikationsmöglichkeiten und Auslandsklischees vermitteln – ein Effekt, der dem des Massentourismus ähnelt.

Viele Wege führen ins Ausland

Die Einsicht in die Bedeutung verstärkter internationaler Kontakte hat zu vielfältigen privaten und staatlichen Initiativen zur Förderung von Auslandsaufenthalten geführt. Eine große Anzahl von Fördereinrichtungen sowie die sogenannten Mittlerorganisationen arbeiten neben immer stärker werdenden kommerziellen Unternehmen der Ferien- und Freizeitgestaltung im Ausland. Letztere sind in diesem Buch jedoch nicht dokumentiert. Die Vielfalt der Organisationen brachte eine nicht immer leicht zu überschauende Bandbreite von Programmen hervor, die von Schülern/Lehrlingen bis zu Wissenschaftlern, von handwerklicher Fortbildung bis zur Spitzenforschung, von kommerziellen Sprachschulen bis hin zum Friedensdienst reichen und geographisch die Welt umspannen.

An den nachstehenden Beispielen soll aufgezeigt werden, daß es für nahezu jede Situation einen passenden „Weg ins Ausland“ gibt.

- A ist ein guter Oberstufenschüler und möchte die USA kennenlernen. Der American Field Service (AFS) vermittelt ihm einen Platz als Austauschschüler in den USA.

- B hat nach der Mittleren Reife eine kaufmännische Lehre gemacht und muß vor Aufnahme seines Studiums ein Praktikum absolvieren. Mit Hilfe der Carl Duisberg-Gesellschaft (CDG) gelingt es ihm, sein Praktikum bei der südafrikanischen Niederlassung einer deutschen Firma abzuleisten. Bei dieser Gelegenheit erwirbt er Auslandserfahrungen und verbessert gleichzeitig seine Englischkenntnisse.

- C steht zwei Jahre vor dem Abitur und hat Leistungsschwächen in Französisch. Statt mit ihrer Familie in die Ferien zu fahren, wendet sie sich an das Deutsch-Französische Jugendwerk und verbringt ihre Sommerferien mit gleichaltrigen französischen Jugendlichen beim Sport. Im Jahr darauf wird sie für 6 Wochen als au-pair-Mädchen mit einer französischen Familie aufs Land fahren.

- D studiert Medizin und muß famulieren. Um den neuesten Stand der Forschung auf seinem Gebiet kennenzulernen und sich über gesundheitspolitische Alternativen zu informieren, geht er mit dem Famulanten-Austausch für die Zeit seines Praktikums in die Vereinigten Staaten von Amerika.

- E hat seine Gesellenprüfung vor der Landwirtschaftskammer abgelegt und möchte ein Praktikum machen. Zur fachlichen Fortbildung setzt er sich über den Deutschen Bauernverband mit einem Maisbauern in Südfrankreich in Verbindung, spezialisiert sich, verbessert sein Französisch und bereitet eine Jahresarbeit vor.

Trotz der vielfältig vorhandenen Möglichkeiten und Hilfestellungen kommt derjenige am weitesten und am ehesten an sein Ziel, der sich selbst zu helfen weiß. Dazu gehören Neugierde, Risikobereitschaft und schnelles Agieren. Dazu gehört auch die Bereitschaft, ins Ausland zu gehen, ohne – möglichst schon im voraus – schriftlich mit Brief und Siegel zugesichert zu bekommen, daß nach der Rückkehr alle im Ausland erbrachten Studienleistungen oder Praktika vollständig anerkannt bzw. bezahlt werden. Selbst ein Auslandsaufenthalt ohne den schriftlichen

Nachweis ist sinnvoll und kann im Verbund mit guten Zensuren und Leistungen viele zusätzliche Pluspunkte bei Vorstellungen, Bewerbungen und Beförderungen bringen.

In diesem Zusammenhang muß auf die große Anzahl von Städtepartnerschaften hingewiesen werden, die es – unabhängig von Alter, Beruf und finanziellen Mitteln – nahezu jedem erlaubt, einzeln, im Verein oder in der Gruppe (Schule, Beruf, Stadtviertel, Altersgruppe etc.) oft sehr intensive Kontakte zu Ausländern anzubahnen und zu pflegen. Programmvielfalt, Phantasie und Gestaltungsspielraum sind hierbei keine Grenzen gesetzt.

Zur Benutzung dieses Buches

Obwohl zahlreiche Möglichkeiten zur Verfügung stehen, um bei der Finanzierung von Auslandsaufenthalten und Auslandsstudienvorhaben unter die Arme zu greifen, mangelt es an der notwendigen übersichtlichen Information. Für einen potentiellen Stipendiaten liegen darin Nachteile und Chancen. Von Nachteil ist, daß er oft nur durch Zufall oder zu spät von Finanzierungsmöglichkeiten erfährt, die auf seinen persönlichen Fall, sein Studienvorhaben, das Land seiner Wahl etc. gepaßt hätten. Die Chance liegt darin, daß es in der großen Stipendien- und Austauschvielfalt noch eine große Anzahl von „Nischen" gibt, die es zu nutzen gilt.

Dieses Buch erhebt nicht den Anspruch, alle diese Nischen auszuleuchten, es kann jedoch dazu beitragen, daß jedem ein großes Raster der vorhandenen Möglichkeiten deutlich und zugänglich wird. Bewußt wird deshalb auf Detailbeschreibungen der Programme, Stipendienhöhen, Bewerbungsfristen und ähnliche Einzelheiten verzichtet, um die Übersichtlichkeit zu erhalten und die Richtung zu weisen. Die Autoren haben sich bemüht, unter Verzicht auf zu weit gehende Detailinformationen dem interessierten Leser Zugang zu den Grundinformationen über Stipendienmöglichkeiten zu verschaffen und die „Hemmschwelle" für den ersten Informationsbedarf möglichst gering zu halten. Darüber hinaus kann das Interesse an Auslandsaufenthalten oft auch erst durch den Hinweis auf Austauschmöglichkeiten, Partnerschaften, Ferienprogramme und Projekte zur Völkerverständigung entstehen und wachsen.

Die aufgezeigten Wege lassen sich alle weiterverfolgen und führen dann zu genau der Informationstiefe, die für eine sinnvolle Vorbereitung des einzelnen erforderlich ist.

Das Buch ist so aufgebaut, daß sich für die verschiedensten Situationen Wegweiser ergeben. Ausgehend von der Altersgruppe, von der Berufs- bzw. Studiensituation, vom Fachinteresse, vom beabsichtigten Zielland, von der beherrschten Sprache, ausgehend von der Heimat-Universität, bis hin zum Finanzbedarf oder zur Aufenthaltsdauer kann eine der Übersichten oder Adressenlisten als Ausgangspunkt genommen werden, um schließlich bei einem der Stipendien oder Austauschprogramme im Hauptteil des Buches das gewünschte Ziel zu finden.

Dort findet sich nicht nur die Adresse der stipendiengebenden Institution, sondern auch eine Kurzbeschreibung des Programms, der Zielrichtung, der Art der Auswahl und weitere Hinweise, wie der Interessierte zusätzliche Informationen einholen kann. Darüber hinaus gibt es einen Anhang mit Hilfsmitteln für das Abfassen von Briefen, für die Terminologie bei Bewerbungen und mit weiteren möglichen Informationsquellen. Das Buch erhebt keinen Anspruch auf Vollständigkeit, sondern bittet vielmehr alle Leser, ihnen zugängliche weitere Informationen den Autoren mitzuteilen.

Findex ‚Wer will ins Ausland?'

	Programm-Nr.
	P 131
	P 136
	P 137
	P 186
	P 187
Ausbilder	P 31
	P 43
	P 48
	P 51
	P 63
	P 139
Entwicklungshelfer	P 10
	P 76
	P 109
	P 112
	P 114
	P 180
	P 185
Freiwilligendienst/ Zivildienst	P 115
	P 141
	P 142
	P 148
	P 150
	P 155
	P 166
	P 167
	P 173
Führungskräfte	P 21
	P 25
	P 28
	P 30
	P 38
	P 41
	P 44
	P 50
	P 144
	P 162
	P 185
Hotelfachleute	P 3
	P 34

	Programm-Nr.
Kaufleute	P 3
	P 34
Krankenpfleger	P 4
	P 129
Landwirte/Gärtner/ Hauswirtschaftler	P 4
	P 10
	P 33
	P 49
	P 54
	P 101
	P 102
	P 103
	P 104
	P 105
	P 106
	P 107
Modefachleute	P 3
Polizeibeamte	P 176
Sekretärinnen	P 34
Soldaten	P 22
Soziale Dienste/ Pädagogen	P 61
	P 66
	P 129
	P 183
e) Studenten	P 5
	P 6
	P 17
	P 18
	P 23
	P 24
	P 55
	P 57
	P 59
	P 67
	P 68
	P 69
	P 75
	P 83

	Programm-Nr.
	P 87
	P 96
	P 98
	P 116
	P 119
	P 120
	P 124
	P 129
	P 130
	P 132
	P 136
	P 137
	P 139
	P 140
	P 145
	P 148
	P 151
	P 156
	P 171
	P 176
	P 178
	P 181
	P 185
Ethnologie	P 17
Geschichte	P 17
	P 80
Ingenieurwissen- schaft	P 45
	P 116
	P 141
Kunstgeschichte	P 17
Landwirtschaft	P 101
	P 145
Medizin	P 56
	P 182
Musikwissenschaft/ Bild. Kunst	P 85
	P 92
	P 149
Orientalistik	P 78
	P 79

	Programm-Nr.
Pädagogik	P 95
	P 139
	P 140
	P 169
	P 175
Pharmazie	P 147
Politologie	P 17
	P 80
Rechtswissenschaft	P 17
	P 85
	P 89
Sprachwissenschaft	P 77
	P 78
	P 94
	P 95
	P 169
	P 175
Theologie	P 99
Wirtschafts- und Sozialwissenschaften	P 5
	P 17
	P 45
	P 80
	P 116
f) Doktoranden	P 19
	P 90
	P 98
	P 125
	P 157
	P 160
	P 161
	P 171
	P 176
	P 178
	P 181
g) Hochschulabsol- venten/Akademiker	P 14
	P 15
	P 18
	P 23

	Programm-Nr.
	P 27
	P 29
	P 39
	P 53
	P 60
	P 83
	P 84
	P 90
	P 93
	P 97
	P 98
	P 113
	P 116
	P 124
	P 126
	P 144
	P 146
	P 165
	P 185
Berufsbildungs-wissenschaftler	P 29
	P 63
Geisteswissenschaft	P 91
Ingenieurwissenschaften	P 34
	P 146
Juristen	P 16
	P 70
	P 82
	P 85
	P 110
Lehrer	P 9
	P 66
	P 67
	P 116
	P 132
	P 174
Medizin	P 158
	P 159
Musikpädagogen	P 149
Naturwissenschaften/ Mathematik	P 146

	Programm-Nr.
Pharmazeuten	P 147
Politologie	P 82
	P 110
Theologie	P 183
Wirtschafts- und Sozialwissenschaften	P 42
	P 71
	P 82
	P 110
h) Nachwuchswissen-schaftler	P 7
	P 8
	P 15
	P 19
	P 20
	P 55
	P 58
	P 72
	P 73
	P 81
	P 88
	P 122
	P 125
	P 128
	P 153
	P 154
	P 157
	P 158
	P 159
	P 161
	P 164
	P 170
	P 171
	P 172
Biowissenschaften	P 74
	P 116
Ingenieurwissen-schaften	P 164
Naturwissenschaften/ Mathematik	P 86
	P 160
Medizin	P 86
	P 158

	Programm-Nr.
	P 159
	P 184
i) Hochschullehrer	P 19
	P 20
	P 100
	P 127
	P 128

	Programm-Nr.
	P 132
	P 146
	P 154
	P 161
	P 170
	P 172
	P 181

Findex ‚Was will ich im Ausland machen?‘

	Programm-Nr.
	P 98
	P 118
	P 122
	P 125
	P 126
	P 127
	P 128
	P 153
	P 154
	P 157
	P 158
	P 160
	P 161
	P 164
	P 170
	P 171
	P 172
d) Sprachkurs	P 44
	P 46
	P 65
	P 67
	P 78
	P 79
	P 96
	P 102
	P 116
	P 117
	P 136
	P 138
	P 139
	P 165
	P 174
	P 183
e) Allgemeine und spezielle Weiterbildung	P 14
	P 29
	P 30
	P 31
	P 32
	P 33
	P 34
	P 36
	P 37

	Programm-Nr.
	P 38
	P 39
	P 40
	P 41
	P 47
	P 48
	P 50
	P 51
	P 54
	P 63
	P 64
	P 68
	P 74
	P 75
	P 82
	P 92
	P 137
	P 138
	P 139
	P 140
	P 145
	P 158
	P 169
f) Arbeitsaufenthalt	P 4
	P 12
	P 13
	P 21
	P 22
	P 23
	P 25
	P 26
	P 27
	P 53
	P 55
	P 58
	P 66
	P 69
	P 91
	P 100
	P 129
	P 131
	P 134
	P 136

	Programm-Nr.
	P 147
	P 152
	P 174
	P 175
	P 185
	P 186
	P 187
g) Au pair	P 131
	P 152
	P 179
h) Sozialer Freiwilligendienst	P 6
	P 115
	P 141
	P 142
	P 148
	P 150
	P 155
	P 166
	P 167
i) Entwicklungshelfer-dienst	P 10
	P 23
	P 24
	P 76
	P 109
	P 112
	P 114
	P 146
	P 180
k) Sport	P 68
	P 69
	P 137

	Programm-Nr.
l) Familienaufenthalt	P 9
	P 108
	P 116
	P 130
	P 132
	P 163
	P 168
	P 176
m) Praktikum/Famulatur	P 3
	P 5
	P 28
	P 35
	P 42
	P 43
	P 44
	P 46
	P 49
	P 56
	P 66
	P 70
	P 71
	P 101
	P 102
	P 103
	P 104
	P 105
	P 106
	P 107
	P 145
	P 182
	P 184

Findex ‚Wohin will ich?'

	Programm-Nr.
	P 18
	P 19
	P 20
	P 30
	P 45
	P 85
	P 101
	P 111
	P 136
	P 149
	P 151
	P 179
Irland	P 163
	P 168
Italien	P 81
	P 149
	P 159
	P 179
Jugoslawien	P 149
Luxemburg	P 111
	P 149
Niederlande	P 3
	P 4
	P 6
	P 85
	P 101
	P 111
	P 149
Norwegen	P 6
	P 101
	P 111
	P 165
	P 170
	P 171
Österreich	P 101
Polen	P 1
	P 6
	P 41
	P 111
	P 149

	Programm-Nr.
Portugal	P 111
Schweden	P 101
	P 111
Schweiz	P 58
	P 59
	P 60
	P 89
	P 101
	P 111
	P 113
	P 168
Spanien	P 111
	P 179
Tschechoslowakei	P 1
Türkei	P 96
UdSSR	P 1
	P 132
	P 169
Ungarn	P 1
	P 50
	P 107
	P 111

b) Amerika

Kanada	P 1
	P 69
	P 77
	P 98
	P 105
	P 164
	P 168
USA	P 1
	P 6
	P 9
	P 11
	P 12
	P 22
	P 33

	Programm-Nr.
	P 34
	P 35
	P 39
	P 40
	P 45
	P 49
	P 52
	P 53
	P 54
	P 61
	P 74
	P 77
	P 86
	P 88
	P 104
	P 105
	P 106
	P 108
	P 111
	P 115
	P 118
	P 121
	P 123
	P 124
	P 125
	P 126
	P 127
	P 128
	P 129
	P 130
	P 131
	P 133
	P 134
	P 143
	P 150
	P 163
	P 168
	P 173
	P 176
	P 179
	P 186
Latein-Amerika	P 23
	P 111

	Programm-Nr.
	P 150
	P 155
Brasilien	P 25
	P 143
Mexiko	P 27
c) Asien	P 23
	P 146
	P 150
	P 173
China (VR)	P 44
	P 93
	P 94
Israel	P 6
	P 15
	P 51
	P 99
	P 155
	P 160
	P 161
Japan	P 8
	P 28
	P 44
	P 93
	P 94
	P 103
	P 111
	P 153
	P 154
Philippinen	P 155
d) Afrika	P 23
	P 146
	P 150
	P 155
	P 173
Ägypten	P 79
Tunesien	P 78

	Programm-Nr.
e) Australien/Neuseeland	P 97
	P 104
	P 105
	P 111
	P 135
	P 150
	P 168
	P 172
f) Entwicklungsländer (allg.)	P 10
	P 24
	P 42
	P 76
	P 109
	P 112
	P 114
	P 180
g) Ohne regionale Festlegung/Beschränkung	P 1
	P 5
	P 7
	P 21
	P 29
	P 31
	P 47
	P 56
	P 62
	P 70
	P 71
	P 72
	P 73

	Programm-Nr.
	P 84
	P 87
	P 90
	P 91
	P 100
	P 116
	P 119
	P 120
	P 122
	P 141
	P 142
	P 145
	P 147
	P 148
	P 152
	P 156
	P 157
	P 158
	P 162
	P 166
	P 167
	P 174
	P 175
	P 177
	P 178
	P 181
	P 182
	P 183
	P 184
	P 185

II. Institutionen und Einzelprogramme

Institution

AFS – Interkulturelle Begegnungen

Warburgstraße 35
2000 Hamburg 36
Tel. (040) 4 10 44 91

Stichwort

Begegnungsprogramme in Osteuropa für Schüler

Zielgruppe

Schüler zwischen 16 und 19 Jahre

Zweck

Interkulturelles Lernen;
Völkerverständigung; Länder: UdSSR, CSSR, Ungarn, Polen

Förderung

Programm:

- Leben in einer Gastfamilie
- Umfangreiches Begleitprogramm
- zum Teil mit kurzem Schulbesuch

Dauer:

3–4 Wochen

Finanzierung:

Durch öffentliche Mittel
Eigenbeteiligung 450,– DM
Fahrtkostenbeteiligung 25 %

Institution	AFS – Interkulturelle Begegnungen Warburgstraße 35 2000 Hamburg 36 Tel. (040) 44 40 91
Stichwort	Einjähriger Auslandsaufenthalt für Schüler
Zielgruppe	Schüler allgemeinbildender Schulen (15–18 Jahre)
Zweck	Interkulturelles Lernen Leben in Gastfamilien Besuch einer allgemeinbildenden Schule
Förderung	Eigenbeteiligung: Länder in Europa: 6100,– DM Übersee: 8100,– DM USA/Kanada: 7900,– DM Vollstipendien über das Parlamentarische Patenschaftsprogramm in die USA. Teilstipendien nach Bedürftigkeit Ratenzahlungen und zinslose Darlehen möglich Grundsatz: niemand soll aus finanziellen Gründen von der Teilnahme ausgeschlossen sein.
Sonstiges	Möglichkeit der Vermittlung in ca. 50 Länder Umfangreiche Vorbereitung, Begleitprogramm, Betreuung und Nachbereitung. Die Teilnehmer sind immer in Kontakt mit Teilnehmern aus vielen anderen Ländern, nicht nur mit Jugendlichen des Gastlandes.

Institution AFS – Interkulturelle Begegnungen

Warburgstraße 35
2000 Hamburg 36
Tel. (040) 45 85 18

Stichwort Europäisches Praktikum in Belgien, Dänemark, Frankreich, Großbritannien und Niederlande

Zielgruppe Junge Arbeitnehmer zwischen 18 und 28 Jahren mit abgeschlossener Berufsausbildung
Berufe aus dem kaufmännischen Bereich, dem Hotel- und Gaststättengewerbe sowie dem Modebereich

Zweck Einblick in die Arbeitswelt des Gastlandes
Kennenlernen von Kultur- und Lebensweisen des Gastlandes
Berufliche Weiterbildung

Förderung Gefördert durch die Europäischen Gemeinschaften
Eigenbeteiligung 1250,– DM

Programm:
- 1 Monat Sprachkurs
- 2 Monate Praktikum im Ausbildungsberuf

Vergütung durch AFS oder Arbeitgeber

Institution AFS – Interkulturelle Begegnungen

Warburgstraße 35
2000 Hamburg 36
Tel. (040) 45 85 18

Stichwort Programm für junge Arbeitnehmer
Arbeitsaufenthalt in Frankreich und den Niederlanden

Zielgruppe Junge Arbeitnehmer zwischen 18 und 28 Jahre mit abgeschlossener Berufsausbildung und 1 Jahr Arbeitserfahrung

Berufe aus Handwerk und Industrie; Krankenschwestern und Gärtner/innen

---

Zweck Persönliche Lernerfahrungen in anderen europäischen Ländern und Kulturen sammeln; Förderung eines europäischen Selbstverständnisses

Sprachliche und berufliche Förderung

Förderung Gefördert durch Europäische Gemeinschaften
Eigenbeteiligung 500,– DM + 25 % Fahrtkostenpauschale

Programme:

2 Monate Sprachschulung
6 Monate Arbeitsaufenthalt gegen landesübliches Gehalt

Ausführliches Begleitprogramm, Vorbereitungstreffen, Betreuung, vielerlei Hilfestellungen

---

Institution

AIESEC, Internationale Vereinigung der Studenten der Wirtschaftswissenschaften

Hohenzollernring 54
5000 Köln 1
Tel. (0221) 23 47 61

Stichwort

Internationaler Praktikantenaustausch

Zielgruppe

Studenten, die an Wirtschaftswissenschaften interessiert sind.

Voraussetzungen:
- Sprachkenntnisse
- Selbständigkeit
- Einsatzfreude

Zweck

Brückenschlag zwischen Theorie und Praxis
Völkerverständigung

Förderung

Reisekostenzuschuß für lang- und mittelfristige Praktika (10–78 Wochen) im außereuropäischen Ausland.

Entlohnung zur Deckung der Lebenshaltungskosten

Sonstiges

AIESEC ist an 50 Universitäten und Hochschulen in Deutschland vertreten. AIESEC International hat 69 Mitgliedsländer.

Die Bewerbung erfolgt beim AIESEC-Lokalkomitee an der Universität oder Hochschule. Der Student bewirbt sich für 1–3 der 7 Praktikumstypen, die sich in Dauer, Verantwortlichkeit, fachlichen Voraussetzungen und geforderten Sprachkenntnissen unterscheiden.

Institution

Aktion Sühnezeichen
Friedensdienste e. V.

Jebensstraße 1
1000 Berlin 12
Tel. (030) 31 02 61

Stichwort

Freiwilligendienste in Belgien, Frankreich, Großbritannien, Israel, Niederlande, Norwegen, Polen und USA

Zielgruppe

Junge Leute im Alter zwischen 19 und 30 Jahren; keine besonderen Anforderungen

---

Zweck

Soziale Freiwilligendienste im Ausland;
Schwerpunkt: Hilfe für Opfer des Nationalsozialismus

Förderung

Programm:

Näheres bei obiger Adresse

Dauer:

18–24 Monate

Finanzierung:

Übernahme sämtlicher Reisekosten einschließlich Versicherungen, Unterkunft und Verpflegung sowie Taschengeld; Eigenbeitrag des Freiwilligen 800,– DM

Sonstiges

Die ASF ist der evangelischen Kirche verbunden. Wartezeit für Männer (Kriegsdienstverweigerer) z. Z. 1 1/2 bis 2 Jahre, für Frauen 1 Jahr.

Institution Alexander von Humboldt-Stiftung (AvH)

Jean-Paul-Straße 12
5300 Bonn 2 (Bad Godesberg)
Tel. (0228) 8 33-0

Stichwort Feodor – Lynen – Programm
Internationale Forschungszusammenarbeit

Zielgruppe Promovierte Nachwuchswissenschaftler aller Fachgebiete

Voraussetzungen:

- Höchstalter 38 Jahre
- formelle Einladung eines ehemaligen Humboldt-Gastwissenschaftlers
- konkreter Forschungsplan
- gute Sprachkenntnisse des Gastlandes bzw. Englisch

Zweck Eigene Forschungsvorhaben im Gesamtrahmen einer Forschungszusammenarbeit mit ehemaligen ausländischen Gastwissenschaftlern der AvH an deren Heimatinstituten

---

Förderung Programm:

Forschungsaufenthalt im Ausland

Dauer:

1 – 4 Jahre

Finanzierung:

- Grundfinanzierung durch den ausländischen Partner; Teilfinanzierung (Zuschüsse) durch die AvH
- Grundstipendium zwischen 2.000,– DM und 2.200,– DM
- Auslands- und Verheiratetenzuschlag
- Reisekosten, Beihilfe zur Krankenversicherung, Sachmittelbeihilfe

- Wiedereingliederungsbeihilfe nach Rückkehr nach Deutschland

Bewerbung jederzeit; Auswahl dreimal jährlich.

Institution

Alexander von Humboldt-Stiftung (AvH)

Jean-Paul-Straße 12
5300 Bonn 2 (Bad Godesberg)
Tel. (0228) 8 33-0

Stichwort

Forschungsstipendien der Science and Technology Agency (STA)

Zielgruppe

Wissenschaftler (außer Japanologen)

Voraussetzungen:

- Höchstalter 38 Jahre
- gute englische oder japanische Sprachkenntnisse
- Promotion oder durch Publikationen nachgewiesene vergleichbare Qualifikation
- formelle Einladung eines ehemaligen Humboldt-Gastwissenschaftlers
- konkreter Forschungsplan

Zweck

Förderung von Forschungsvorhaben an außeruniversitären japanischen Forschungseinrichtungen

---

Förderung

Programm/Dauer:

6–24monatiger Forschungsaufenthalt in Japan

Finanzierung:

- Monatliches Stipendium 3.600,– DM
- Wohngeld bis 1.400,– DM
- Reisekosten, Beihilfe zur Krankenversicherung, Sachmittelbeihilfe
- Intensivkurs Japanisch

Institution American Host Program

Deutsche Direktion:
Südring 133
6500 Mainz
Tel. (06131) 3 47 75

Stichwort Studien- und Gastaufenthalte in USA

Zielgruppe Lehrer aller Schularten und Angehörige des Bibliothekswesens sowie deren Ehegatten

Voraussetzung:

Englische Sprachkenntnisse, Schulenglisch ausreichend

Zweck Kennenlernen des American Way of Life in den verschiedenen Staaten der USA
Förderung des Verstehens der Bürger beider Nationen

Förderung Programm:

Gastaufenthalte in amerikanischen Familien

Dauer:

4 Wochen während der Sommerferien

Finanzierung:

Eigenbeteiligung der Teilnehmer zwischen 1.450 und 1.750 US-Dollar, je nach Zielgebiet (Flug, Unterbringung und Verpflegung eingeschlossen)

Sonstiges Bewerbungsunterlagen für das kommende Jahr im Herbst des laufenden Jahres anfordern

---

Institution

Arbeitsgemeinschaft für Entwicklungshilfe e. V. (AGEH)

Theodor-Hürth-Straße 2–6
5000 Köln 21
Tel. (0221) 81 50 21

Stichwort

Entwicklungshelfer

Zielgruppe

Fachkräfte insbesondere aus den Bereichen Handwerk/Technik, Landwirtschaft und Gesundheitswesen sowie Sozialarbeiter(innen) und Genossenschaftsfachleute

Voraussetzung:

Bekenntnis zum katholischen Glauben, abgeschlossene Berufsausbildung bzw. Studium, mehrjährige praktische Berufserfahrung, Mindestalter 23 Jahre

---

Zweck

Vorbereitung, Fortbildung und Vermittlung von Entwicklungshelfern für Projekte vor allem kirchlicher Träger in Entwicklungsländern

---

Förderung

Programm:

Arbeitsvertrag mit dem einheimischen Projektträger; Ergänzung durch einen Garantievertrag mit der AGEH

Dauer:

3 Jahre

Finanzierung:

Soziale Sicherung nach dem Entwicklungshelfer-Gesetz (EhfG)

Sonstiges

Träger der AGEH ist die katholische Kirche.

Verheiratete reisen mit Familie aus.

Institution Arbeitskreis deutsch-amerikanische Begegnung Fulbright-Gesellschaft e. V.

Frankstraße 26
5000 Köln 1
Tel. (0221) 21 40 91

Stichwort Schüleraustausch USA

Zielgruppe Schüler aller Schulformen

Voraussetzungen:

- Alter 14–17 (in Ausnahmefällen 18) Jahre
- mind. 3 Jahre Englischunterricht
- Bereitschaft zur Aufnahme eines amerikanischen Austauschschülers (i. d. R.)

Zweck Pflege deutsch-amerikanischer Beziehungen

Förderung Programm:

Ferienaufenthalt mit Unterbringung in amerikanischer Familie und Schulbesuch

Finanzierung:

Eigenmittel der Teilnehmer
(Reisekosten 1991 zwischen 1.480,– DM und 2.400,– DM)

Institution

ASSIST – American Secondary Schools for International Students

Hohenzollernring 26
5000 Köln 1
Tel. (0221) 21 19 31

Stichwort

Unabhängige Schulen (vorwiegend Internatsschulen)

Zielgruppe

Schüler der gymnasialen Klasse 11 (Obersekunda)

Voraussetzungen für den Erhalt eines Stipendiums:

- überdurchschnittliche Leistungen in der deutschen Schule
- besondere Fähigkeiten im außerschulischen, z. B. musischen oder sportlichen Bereich, Einsatz im sozialen Bereich, u. ä.

Zweck

Kulturaustausch

Förderung

Programm/Dauer:

Einjähriger Aufenthalt an Independent Schools (vergleichbar mit britischen Public Schools bzw. deutschen Privatschulen wie Salem)

Finanzierung:

Für die Teilnahme am Stipendienprogramm dieser amerikanischen Schulen sind die verbleibenden Programmkosten US$ 3.900 (1990)
Bei überdurchschnittlicher Eignung und nachgewiesener Bedürftigkeit ist ein weiterer Zuschuß durch den ASSIST-Förderverein möglich.

Sonstiges

Jährlich ca. 50 Teilnehmer, die Ende Januar von einer deutsch-amerikanischen Auswahlkommission ausgesucht werden.

Zusätzliche Teilnehmer können bei erhöhter Eigenleistung vermittelt werden.

Institution

ASSOCIATION OUVRIERE des COMPAGNONS du Devoir FETTENHOF

Venloer Straße 1203
5000 Köln 30 (Bocklemünd)
Tel. (0221) 50 47 60

Stichwort

Arbeits- und Weiterbildungsaufenthalt für junge Handwerker in Frankreich

---

Zielgruppe

Handwerksgesellen in den folgenden Berufszweigen: Maurer, Zimmerer, Dachdecker, Steinmetz, Stukkateur, Schmied, Schlosser, Karosseriebauer, Klempner, Gas- und Wasserinstallateur, Zentralheizungsbauer, Kupferschmied, Kessel- und Behälterbauer, Metallfacharbeiter, Tischler, Schuhmacher, Orthopädieschuhmacher, Sattler, Raumausstatter, Bäcker, Konditor

---

Zweck

Organisierte Wanderschaft in Frankreich im Rahmen eines Fortbildungsprogramms. Kennenlernen des Arbeitslebens in Frankreich.

Förderung

Programm:

- Arbeitsaufenthalt in Frankreich (mindestens 1 Jahr)
- Unterkunft in einem Haus der Compagnons
- Arbeit in einem französischen Handwerksbetrieb
- berufliches Weiterbildungsprogramm
- Ortswechsel alle 6 Monate
- Sprachvorbereitung

Finanzierung:

- Stipendium für einen 4-wöchigen Intensivsprachkurs
- Gehalt als Geselle nach Tarif in dem französischen Betrieb

Sonstiges

Die AOCDD ist eine französische Handwerkerorganisation zur Förderung des Gesellenwanderns.

Institution

Auswärtiges Amt

– 1-AF –
Gudenauer Weg 134–136
5300 Bonn 1
Tel. (0228) 17-0

Stichwort

Wilton Park Konferenz

Zielgruppe

Berufssparten je nach Thema der Konferenz

Voraussetzung:

Gute englische Sprachkenntnisse

Zweck

Internationale Konferenzen zu unterschiedlichen Themenbereichen

---

Förderung

Programm:

Internationale Wilton Park Konferenz in Großbritannien

Dauer:

1 Woche

Finanzierung:

- überwiegend durch die britische Regierung
- Eigenbetrag z. Zt. ca. 450 Pfund (1 Woche)

Sonstiges

Bewerbungsunterlagen müssen spätestens 8 Wochen vor Konferenzbeginn dem Auswärtigen Amt vorliegen.

Begleitperson ist möglich (gleicher Eigenbeitrag wie Teilnehmer, zuzüglich Kosten für Veranstaltungen außerhalb von Wilton Park).

Institution

Botschaft des Staates Israel

Presseabteilung
Simrockallee 2
5300 Bonn 2
Tel. (0228) 8 23-2 58

Stichwort

Stipendien für Forschungsvorhaben an einer israelischen Universität

---

Zielgruppe

Deutsche Staatsangehörige mit einem Hochschulabschluß (Diplom, Magister) und überdurchschnittlichen Studienleistungen

Voraussetzungen:

- Höchstalter 35 Jahre
- gute Englischkenntnisse sowie die Bereitschaft Hebräischkenntnisse im Rahmen des Stipendiums zu erwerben, wenn dies für das Forschungsvorhaben relevant ist
- Vorlage eines sorgfältig geplanten Forschungsvorhabens

Förderung

Förderung der wissenschaftlichen Zusammenarbeit

Programm:

Forschungsaufenthalt im Ausland

Finanzierung:

- monatliches Stipendium in Höhe von 350 US$
- Übernahme der Studiengebühren, Krankenversicherung und des Hebräischsprachkurses
- Reisekosten sind im Stipendium nicht enthalten

Sonstiges

Antragsformulare erhalten Sie bei obiger Adresse

Institution

The British Council
Deutsche Zentrale und Hauptverwaltung

Hahnenstraße 6
5000 Köln 1
Tel. (0221) 2 06 44-0

Stichwort

Juristen-Stipendien

Zielgruppe

Qualifizierte Juristen oder Jura-Studenten im 2. Staatsexamen (vor Stipendienantritt)

Alter unter 30 Jahre

Nachweis ausreichender englischer Sprachkenntnisse

Zweck

Studienaufenthalt in Großbritannien

Förderung

Programm/Dauer:

- 6 Monate
- 6–8 Wochen Vorlesungen an den Universitäten London oder Edinburgh
- 6–8 Wochen Hospitation bei einem Rechtsanwalt
- 8–10 Wochen Hospitation bei einem Staatsanwalt

Finanzierung:

- Übernahme der Studiengebühren
- Monatliche Unterhaltsbeihilfe
- Beihilfe zu den Lehrmittelkosten

Sonstiges

Das Stipendienprogramm wird gemeinschaftlich vom British Council (in Verbindung mit dem British Institute for International and Comparative Law) und dem Deutschen Akademischen Austauschdienst (DAAD) finanziert. Antragsformulare und weitere Informationen beim DAAD, Kennedyallee 50, 5300 Bonn 2. Bewerbungsfrist 21. April jeden Jahres.

Institution

The British Council
Deutsche Zentrale und Hauptverwaltung

Hahnenstraße 6
5000 Köln 1
Tel. (0221) 2 06 44-0

Stichwort

King Edward VII. British-German Foundation – Stipendien

Zielgruppe

Studenten vor dem ersten Examen (vorrangig ab 4. Semester) der Fachrichtungen:

Politische Wissenschaften, Geschichte, Kunstgeschichte, Ethnologie, Volkswirtschaft, Betriebswirtschaft, Jura

---

Zweck

Studienaufenthalt in Großbritannien

Förderung

Programm/Dauer:

1 Studienjahr (10 Monate) an britischer Universität

Finanzierung:

- Monatliche Unterhaltszahlung
- Studiengebühren
- Reisekosten
- einmalige Bücherbeihilfe

Sonstiges

Bewerbungsformulare erhältlich bei den Geschäftsstellen des British Council. Frist für Abgabe der Anträge: 30. November jeden Jahres.

Institution

The British Council
Deutsche Zentrale und Hauptverwaltung

Hahnenstraße 6
5000 Köln 1
Tel. (0221) 2 06 44-0

Stichwort

Stipendien Großbritannien

Zielgruppe

Bewerber mit abgeschlossenem Studium (Universität oder Fachhochschule)

Studierende in letzter Studienphase (z. B. Diplomarbeit)

Voraussetzung: gute Englischkenntnisse

Zweck

Studien- oder Forschungsaufenthalt in Großbritannien

Förderung

Programm:

Aufenthalt an University oder Polytechnic in Großbritannien zu Studien- bzw. Forschungszwecken

Dauer:

2 Monate bis 1 Jahr

Finanzierung:

- Monatliche Unterhaltsbeihilfe
- Übernahme der Studiengebühren

Sonstiges

Bewerbungsunterlagen erhältlich beim Deutschen Akademischen Austauschdienst (Adresse siehe dort).

Abgabefrist: 31. Oktober jeden Jahres

Institution	The British Council Deutsche Zentrale und Hauptverwaltung Hahnenstraße 6 5000 Köln 1 Tel. (0221) 2 06 44-0
Stichwort	Academic Travel Grant
Zielgruppe	Wissenschaftler von Universitäten, Fachhochschulen usw.
Zweck	Förderung akademischer deutsch-britischer Kooperation: vorrangige Berücksichtigung von Bewerbungen zur Kontaktaufnahme mit britischen Hochschulen mit dem Ziel langfristiger Verbindung (Studentenaustausch, Entwicklung gemeinsamer Studiengänge, gemeinsame Publikationen etc.)
Förderung	Programm: Forschungsaufenthalt in Großbritannien Dauer: Näheres bei obiger Adresse Finanzierung: Reisekostenzuschuß
Sonstiges	Bewerbungen auf einem Formblatt, das beim British Council erhältlich ist.

Institution

The British Council
Deutsche Zentrale und Hauptverwaltung

Hahnenstraße 6
5000 Köln 1
Tel. (0221) 2 06 44-0

Stichwort

British-German Academic Research Collaboration Programme (ARC) – Deutsch-Britische Hochschulkooperation in der Forschung

---

Zielgruppe

Forschungsgruppen an britischen Universitäten und „Polytechnics" und an deutschen Universitäten und Fachhochschulen

Prioritäten:

Natur-, Ingenieur- und Wirtschaftswissenschaften (business-related studies) sowie auch Sozial- und Geisteswissenschaften

---

Zweck

Austauschreisen im Rahmen eines gemeinsamen Forschungsvorhabens

---

Förderung

Programm/Dauer:

Die Gesamtförderungsdauer für gemeinsame Vorhaben beträgt i. d. R. 3 Jahre. Normalerweise werden nur kurze Reisen mit einer Dauer von weniger als zwei Monaten gefördert.

Finanzierung:

Standardzuschüsse zu Reise- und Lebenshaltungskosten

Sonstiges

1. Es handelt sich hierbei **nicht** um ein Stipendienprogramm. Individuelle Reisen können nur im Rahmen eines gemeinsamen Forschungsvorhabens unterstützt werden.

2. Weitere Informationen erhalten deutsche Forschungsgruppen beim Deutschen Akademischen Austauschdienst (Adresse siehe dort).

Institution

Büro Führungskräfte zu Internationalen Organisationen (BFIO) der Bundesanstalt für Arbeit

Feuerbachstraße 44
6000 Frankfurt/Main 1
Tel. (069) 71 11-0

Stichwort

Vermittlung von Führungskräften zu internationalen Organisationen

---

Zielgruppe

Interessenten an einer Tätigkeit bei supranationalen oder internationalen Organisationen (z. B. UNO, EG etc.)

Voraussetzungen:

- deutsche Staatsangehörigkeit
- abgeschlossenes Studium
- mindestens zwei bis drei Jahre Berufserfahrung
- sehr gute Kenntnisse in einer und mindestens befriedigende Kenntnisse in einer zweiten Amtssprache internationaler Organisationen

---

Zweck

Vermittlung von Stabspersonal, Experten, Nachwuchskräften und anderem Personal (z. B. Kurzzeitberater) zu internationalen Organisationen

---

Förderung

- Vermittlung von berufserfahrenen Bewerbern auf konkrete Stellenausschreibungen
- Vermittlung von beigeordneten Sachverständigen (‚Associate Experts', ‚Junior Professional Officers') für die Dauer von ein bis zwei Jahren. Höchstalter 32 Jahre. Finanzierung durch das Bundesministerium für wirtschaftliche Zusammenarbeit. Programmstelle ist das BFIO.
- Einbeziehung von Bewerbern in Auswahlprüfungen internationaler Organisationen für Nachwuchskräfte.

Sonstiges Weitere Informationen sind über das BFIO erhältlich.

Institution	Bundesministerium der Verteidigung – Informations- und Pressestab 3 – Postfach 13 28 5300 Bonn 1 Tel. (0228) 12 90 83
Stichwort	Soldat in integrierter Verwendung
Zielgruppe	Junge Männer, die sich für eine Verpflichtung als Soldat auf Zeit interessieren (Verpflichtungszeit: mindestens 2 Jahre)
Zweck	Verwendung als Soldat in NATO-Stäben und -Dienststellen
Förderung	– Intensive Sprachschulung im Rahmen der militärischen Ausbildung – Besoldung wie im öffentl. Dienst (Auslandsdienstbezüge)
Sonstiges	– Informationsmaterial über o. a. Anschrift – Persönliche Beratung und Bewerbung beim Wehrdienstberater in jedem Kreiswehrersatzamt (Anschriften im Telefonbuch unter „Bundeswehr", „Kreiswehrersatzamt" oder „Wehrdienstberater").

Institution

Carl Duisberg Gesellschaft e. V.
ASA-Programm

Lützowufer 6–9
1000 Berlin 30
Tel. (030) 2 54 82-227/349/350/351

Stichwort

Arbeits-, Erfahrungs- und Studienaufenthalte in Afrika, Asien und Lateinamerika

---

Zielgruppe

Studentinnen und Graduierte aller Fachbereiche, Berufstätige mit einer technisch-handwerklichen, medizinisch-pflegerischen, sozialpädagogischen, hauswirtschaftlichen, landwirtschaftlichen oder kaufmännischen nicht-akademischen Berufsausbildung

Voraussetzungen:

- für Berufstätige mit abgeschlossener Berufsausbildung mit Nachweis berufspraktischer Kenntnisse und Fertigkeiten
- Alter 21–35 Jahre

Zweck

Erweiterung des beruflichen Wissens und der Vorstellungen über Arbeits- und Lebensbedingungen in der Dritten Welt durch konkrete Erfahrungen, Sensibilisierung für entwicklungspolitische Rahmenbedingungen, Anregung zur Öffentlichkeitsarbeit

---

Förderung

Programm:

- Vorbereitungsseminare, insgesamt 13–14 Tage
- Eigenstudium, insbesondere Spracherwerb und -verbesserung
- 3-monatiger Auslandsaufenthalt
- Auswertungsseminar

Finanzierung:
- Übernahme der Seminarkosten, Flugkosten, 3-monatiges Stipendium (75 % des DAAD-Satzes), Impfkostenpauschale, Auslandskranken-, Unfall- und Haftpflichtversicherung durch ASA-Programm
- Eigenmittel der Teilnehmer 1275,– DM

Sonstiges Bewerbungsschluß im November jeden Jahres

Institution

Carl Duisberg Gesellschaft e. V.
ASA-Programm

Lützowufer 6–9
1000 Berlin 30
Tel. (030) 2 54 82-349/114

Stichwort

ASA-Austauschprogramm

Zielgruppe

Junge Berufstätige mit einer abgeschlossenen nichtakademischen Berufsausbildung oder Student/inn/en aus Arbeitsstätten bzw. Projekten, wo ASA-Berufstätigen-/Studienvorhaben durchgeführt werden.

Voraussetzungen:

- abgeschlossene Berufsausbildung oder Nachweis berufspraktischer Kenntnisse und Fertigkeiten
- Alter: 21–35 Jahre

Zweck

Fachqualifizierung der Kooperationspartner/Teilnehmer(innen) aus Entwicklungsländern, praxisorientierter vergleichender Einblick in die deutsche Arbeitssituation ihres Berufsfeldes, interkulturelles Lernen, kulturelle Sensibilisierung und Begegnung

---

Förderung

Programm:

- 2 Vorbereitungsseminare im Heimatland
- Eigenstudium, insbesondere Spracherwerb- und -verbesserung
- 3 Wochen Einführung in der Bundesrepublik (Sprachkurs, Landeskunde)
- 1 Woche begleitendes Informationsprogramm
- 8 Wochen berufsspezifisches Praktikum
- Auswertungsseminar

Dauer:

– 3 Monate

Finanzierung:

Übernahme der Vorbereitungskosten im Heimatland (Sprachkurs, Seminarkosten), Flugkosten, 3-monatiges Stipendium, Kranken-, Unfall-, Haftpflichtversicherung durch ASA

Sonstiges

Bewerbung erfolgt über die Kooperationspartner des ASA-Programms in den entsprechenden Ländern

Institution

Carl Duisberg Gesellschaft e. V.

Hohenstaufenring 30–32
Postfach 26 01 20
5000 Köln 1
Tel. (0221) 20 98-0

Stichwort

Arbeitsaufenthalte für Führungsnachwuchskräfte in Brasilien

Zielgruppe

Führungsnachwuchskräfte der deutschen Wirtschaft insbesondere kleinerer und mittlerer Unternehmen

Voraussetzungen:

- abgeschl. Berufsausbildung
- 2jährige Berufserfahrung
- ggf. spanische Sprachkenntnisse
- Alter max. 35 Jahre
- Tropentauglichkeit

Zweck

Berufliche und sprachliche Fortbildung
Landeskundliche Informationen

Förderung

Programm:

- ggf. Sprachkurs
- wirtschaftsbezogenes Orientierungsseminar in Brasilien
- bis zu 12monatige praktische Tätigkeit
- Vor- und Nachbereitungsseminar

Finanzierung:

- Eigenmittel der Teilnehmer 3.000,– DM bis 4.000,– DM
- Stipendien der Alfried Krupp von Bohlen und Halbach Stiftung und der Deutsch-Brasilianischen Gesellschaft

Sonstiges

Organisatorische und technische Hinweise zum Programmablauf erhalten Sie bei der CDG Landesstelle Nordrhein-Westfalen, Wallstraße 30, 4000 Düsseldorf 1

Institution

Carl Duisberg Gesellschaft e. V.

Hohenstaufenring 30–32
Postfach 26 01 20
5000 Köln 1
Tel. (0221) 20 98-0

Stichwort

Arbeitsaufenthalte für junge Handwerker und Kaufleute in Frankreich

---

Zielgruppe

Fremdsprachensekretärinnen, Handwerker, Hotel- und Gaststättenangestellte

Voraussetzungen:

- Alter 18–28 Jahre
- abgeschlossene Berufsausbildung
- mindestens einjährige Berufserfahrung, Einstieg in das Berufsleben vor dem 22. Lebensjahr
- gute bis sehr gute französische Sprachkenntnisse

Zweck

Berufliche Weiterbildung, Erweiterung der Sprachkenntnisse

Förderung

Programm/Dauer:

- 1–2 Monate Sprach- und Einführungskurs
- 12 Monate berufsbezogene Tätigkeit

Finanzierung:

- Eigenmittel der Teilnehmer 450,– DM
- Stipendien der EG und des Deutsch-Französischen Jugendwerks

---

Institution Carl Duisberg Gesellschaft e. V.

Hohenstaufenring 30–32
Postfach 26 01 20
5000 Köln 1
Tel. (0221) 20 98-0

Stichwort Arbeitsaufenthalte in Mexiko

Zielgruppe Fachkräfte aus den Bereichen:

- Archäologie, Museum, Restauration von Denkmälern u. ä.
- Architektur
- Tropenlandwirtschaft, Tropenmedizin
- Wirtschaft
- Touristik
- Ingenieurwesen

Voraussetzungen:

- Alter bis 35 Jahre
- Abgeschlossenes Universitäts- oder Fachhochschulstudium
- Grundkenntnisse der spanischen Sprache

Zweck Fachliche Weiterbildung in Mexiko

Förderung Programm:

- Einführungsseminar und Sprachkurs
- berufsbezogenes Praktikum

Dauer:

10–12 Monate

Finanzierung:

- Teilstipendium
- Eigenmittel

Institution Carl Duisberg Gesellschaft e. V.

Hohenstaufenring 30–32
Postfach 26 01 20
5000 Köln 1
Tel. (0221) 20 98-0

Stichwort Austauschprogramm für Mitarbeiter deutscher und japanischer Firmen

---

Zielgruppe Von deutschen und japanischen Firmen entsandte Führungsnachwuchskräfte aus dem kaufmännischen/technischen Bereich

Voraussetzungen:

Altersgrenze 30 Jahre

abgeschlossene Berufsausbildung und Berufserfahrung

gute englische Sprachkenntnisse

Grundkenntnisse der japanischen Sprache

Zweck Vertrautwerden mit dem japanischen Geschäftsleben
Fortbildung zukünftiger Führungskräfte in Japan

Förderung Programm:

6monatiges Praktikum in einem japanischen Unternehmen

praktikumsbegleitender Sprachkurs

Finanzierung:

Stipendien des Auswärtigen Amtes für praktikumsbegleitenden Sprachkurs sowie Hin- und Rückreise

Gehaltsfortzahlung der Entsendefirma

Eigenmittel der Teilnehmer

Sonstiges Programm ist auf Gegenseitigkeit angelegt.

Institution

Carl Duisberg Gesellschaft e. V.

Hohenstaufenring 30–32
Postfach 26 01 20
5000 Köln 1
Tel. (0221) 20 98-0

Stichwort

Austausch von Berufsbildungswissenschaftlern im Rahmen des BMBW-Austauschprogramms für Fachkräfte der beruflichen Bildung in der EG und anderen Staaten mit gegenseitigem Interesse

---

Zielgruppe

Personen, die in der Berufsbildung wissenschaftlich tätig sind

Voraussetzung:

ausreichende Sprachkenntnisse des Gastlandes oder einer dort üblichen Verkehrssprache

---

Zweck

Berufsbezogene Weiterbildung, Fachkontakte, Forschungs- und Lehrtätigkeit

---

Förderung

Programm:

- Forschungs- und Lehraufenthalt mit der wissenschaftlichen Bearbeitung eines speziellen Themas der beruflichen Bildung
- Zusammenarbeit mit Kollegen im Gastland

Dauer:

bis 3 Monate

Finanzierung:

- Zuschüsse des BMBW nach BRKG für Reisekosten
- Aufenthalts- und Programmkosten werden in der Regel vom ausländischen Partner übernommen
- Gehaltsfortzahlung muß sichergestellt sein

Sonstiges

Thema sowie Forschungs- oder Lehrplan sind mit der CDG abzustimmen; der Teilnehmer ist verpflichtet, einen Bericht bis spätestens 6 Monate nach Rückkehr vorzulegen und Forschungsergebnisse zumindest teilweise zu veröffentlichen; Programm ist auf Gegenseitigkeit angelegt

Institution	Carl Duisberg Gesellschaft e. V. Hohenstaufenring 30–32 Postfach 26 01 20 5000 Köln 1 Tel. (0221) 20 98-0
Stichwort	Bankseminar Großbritannien
Zielgruppe	Führungskräfte aus dem Bankwesen Voraussetzung: – Nominierung durch den Arbeitgeber – gute Englischkenntnisse
Zweck	Fachbezogene Information zur Bedeutung des Londoner Bankwesens
Förderung	Programm: Seminar mit Vorträgen, Diskussionen, Besichtigungen in Großbritannien Dauer: 2 Wochen Finanzierung: durch den Arbeitgeber
Sonstiges	Ausschreibung durch den Bundesverband der deutschen Banken e. V., Köln

Institution Carl Duisberg Gesellschaft e. V.

Hohenstaufenring 30–32
Postfach 26 01 20
5000 Köln 1
Tel. (0221) 20 98-0

Stichwort BMBW-Austauschprogramm für Fachkräfte der beruflichen Bildung in der EG und anderen Staaten mit gegenseitigem Interesse

---

Zielgruppe Ausbilder und Ausbildungsleiter
Ausbildungsberater
Weiterbildungspersonal

Voraussetzungen:

- Erfüllung der Eignungsanforderungen des Berufsbildungsgesetzes
- langjährige Berufserfahrung
- Alter bis 55 Jahre

Zweck Erweiterung der Erfahrung im Bereich des Ausbildungswesens und der beruflichen Praxis der besuchten Staaten

---

Förderung Programm:

- Gruppenmaßnahmen (15 Personen) mit Fachvorträgen, Seminaren und praktischen Demonstrationen in Betrieben, berufsbildenden Schulen, anderen Stellen der Berufsbildung
- Vor- und Nachbereitungsseminar

Dauer:

2–4 Wochen

Finanzierung:

- Bundesministerium für Bildung und Wissenschaft
- Gehaltsfortzahlung durch Arbeitgeber

Sonstiges Programm ist auf Gegenseitigkeit angelegt

Institution Carl Duisberg Gesellschaft e. V.

Hohenstaufenring 30–32
Postfach 26 01 20
5000 Köln 1
Tel. (0221) 20 98-0

Stichwort BMBW-Gruppenaustauschprogramm zur beruflichen Aus- und Weiterbildung in verschiedenen europäischen Staaten

---

Zielgruppe bei Auszubildenden Bestehen eines Ausbildungsverhältnisses, bei Weiterbildungsmaßnahmen in der Regel ausreichende Sprachkenntnisse

---

Zweck Ableistung eines Teils einer inländischen beruflichen Aus- oder Fortbildung oder Teilnahme an einer beruflichen Weiterbildungsmaßnahme, Erweiterung der Sprachkenntnisse, landeskundliche Informationen

---

Förderung Programm/Dauer:

- bei Auszubildenden Einführungssprachkurs und 3–4 Wochen Auslandsaufenthalt
- bei Weiterbildungsmaßnahmen mindestens 2 Wochen Auslandsaufenthalt

Finanzierung:

- keine Eigenmittel
- entweder durch den Bundesminister für Bildung und Wissenschaft oder durch die andere Seite

---

Sonstiges Bewerben können sich interessierte Institutionen der beruflichen Aus- und Fortbildung (Betriebe, Berufsschulen, Kammern usw.), jedoch keine Einzelbewerber.

Institution

Carl Duisberg Gesellschaft e. V.

Hohenstaufenring 30–32
Postfach 26 01 20
5000 Köln 1
Tel. (0221) 20 98-0

Stichwort

Career Training-Programm für Gärtner/Floristen in den USA

Zielgruppe

Landwirte

Agraringenieure, Gärtner

Voraussetzungen:

- Alter 20–30 Jahre
- abgeschlossene Berufsausbildung
- Berufserfahrung
- englische Sprachkenntnisse

Zweck

Praxisorientierte Fortbildung in Landschaftsplanung, Landwirtschaft, Pflanzenzüchtung, Floristik, Gartenkultur und Gartenzentren

---

Förderung

Programm/Dauer:

- 2–3 Wochen Einführungsveranstaltung an der Universität, Homestay-Programm
- max. 18 Monate berufsbezogenes Praktikum
- Vor- und Nachbereitungsseminar

Finanzierung:

- Eigenmittel ca. 8.000,– DM bei Reiseantritt
- Aufenthaltskosten werden in der Regel durch das Praktikantenentgelt abgedeckt; ggf. Teilstipendien

Sonstiges

Praktikantenplatz kann von der Universität vermittelt werden, oder der Teilnehmer weist selbst einen Platz nach.

Institution Carl Duisberg Gesellschaft e. V.

Hohenstaufenring 30–32
Postfach 26 01 20
5000 Köln 1
Tel. (0221) 20 98-0

Stichwort Career Training-Programm in den USA

Zielgruppe Kaufleute, Ingenieure, Hotelfachleute, Sekretärinnen

Voraussetzungen:

- abgeschlossene Berufsausbildung
- mindestens 1 Jahr Berufserfahrung
- Alter 21–30 Jahre
- gute englische Sprachkenntnisse
- Nachweis eines bezahlten Arbeitsplatzes (mindestens 850,– US-Dollar im Monat)

Zweck Fortbildung zukünftiger Führungskräfte; Vertiefung der Fremdsprachenkenntnisse

---

Förderung Programm:

- 18 Monate berufsbezogenes Praktikum
- Vor- und Nachbereitungsseminare

Finanzierung:

- Eigenmittel der Teilnehmer 5.000,– DM für Reise- und Versicherungskosten
- Aufenthaltskosten werden in der Regel durch das Praktikantenentgelt abgedeckt

---

Institution

Carl Duisberg Gesellschaft e. V.

Hohenstaufenring 30–32
Postfach 26 01 20
5000 Köln 1
Tel. (0221) 20 98-0

Stichwort

Deutsch-Amerikanisches Praktikantenprogramm (BMA), Typ A und Typ B

Zielgruppe

Junge Berufstätige aus kaufmännischen, technischen, handwerklichen u. a. Bereichen

Voraussetzungen:

- Alter 25–35 Jahre
- abgeschlossene Berufsausbildung
- gute englische Sprachkenntnisse
- dreijährige Berufsausbildung (Typ A)
- Stellennachweis des amerikanischen Arbeitgebers (Typ B)

Zweck

Berufliche Weiterbildung, Erweiterung der Sprachkenntnisse, landeskundliche Informationen

---

Förderung

Programm/Dauer:

- ggf. 4 Wochen Sprachkurs oder 2 Wochen Homestay-Programm
- 6 Monate berufsbezogenes unbezahltes Praktikum (Typ A)
- 6–12 Monate bezahltes Praktikum (Typ B)
- Vor- und Nachbereitungsseminare

Finanzierung:

- Eigenmittel der Teilnehmer ca. 10.000,– DM (Typ A) bzw. 5.000,– DM (Typ B)
- Teilstipendien des Bundesministers für Arbeit und Sozialordnung

Sonstiges

Schüler, Studenten, Beamte, Wissenschaftler, Angehörige der medizinischen und sozialen Berufe können nicht teilnehmen.

Institution

Carl Duisberg Gesellschaft e. V.

Hohenstaufenring 30–32
Postfach 26 01 20
5000 Köln 1
Tel. (0221) 20 98-0

Stichwort

Fachhomogene Informationsaufenthalte für Auszubildende und junge Berufstätige in Frankreich

---

Zielgruppe

Berufshomogene Gruppen, die durch Firmen, Ausbildungsstätten, Kammern, Institutionen etc. nominiert wurden

---

Zweck

Berufliche Fortbildung

Förderung

Programm:

einwöchige Informationsreise, die inhaltlich mit den Entsendefirmen abgesprochen wird

Finanzierung:

- Eigenmittel der Teilnehmer
- Zuschuß des Deutsch-Französischen Jugendwerkes

Institution | Carl Duisberg Gesellschaft e. V.

Hohenstaufenring 30–32
Postfach 26 01 20
5000 Köln 1
Tel. (0221) 20 98-0

Stichwort

Informationsaufenthalte für junge Berufstätige aus dem kaufmännischen Bereich in Frankreich

---

Zielgruppe

Angestellte und Auszubildende

Voraussetzung:

- Alter 18–25 Jahre
- ggf. Grundkenntnisse der französischen Sprache

Zweck

Berufliche Fortbildung

Förderung

Programm:

Vorträge, Kontakte zu Firmen, Kammern, Berufsverbänden, kulturelles Rahmenprogramm

Dauer:

1 Woche

Finanzierung:

- Deutsch-französisches Jugendwerk
- Eigenmittel der Teilnehmer 520,– DM

Institution Carl Duisberg Gesellschaft e. V.

Hohenstaufenring 30–32
Postfach 26 01 20
5000 Köln 1
Tel. (0221) 20 98-0

Stichwort Informationsaufenthalte in Bulgarien

Zielgruppe Technische/kaufmännische Fach- und Führungskräfte

Voraussetzungen:
- Alter bis 50 Jahre
- abgeschlossene Berufsausbildung
- mindestens 2 Jahre Berufserfahrung

Zweck Fachliche Information in Bulgarien

Förderung Programm:

Ausarbeitung nach den Wünschen der Teilnehmer

Dauer:

2 bis 12 Wochen

Finanzierung:
- Eigenmittel für An- und Abreise; ggf. Zuschuß der CDG
- Kosten für Unterbringung und Taschengeld werden von bulgarischer Seite getragen

Institution

Carl Duisberg Gesellschaft e. V.

Hohenstaufenring 30–32
Postfach 26 01 20
5000 Köln 1
Tel. (0221) 20 98-0

Stichwort

„MIBS" (Erlangung des Master in International Business)

Zielgruppe

Hochschulabsolventen
Fachhochschulabsolventen
Wirtschaftsassistenten

Voraussetzungen:

- abgeschlossenes Studium
- Höchstalter 35 Jahre
- gute englische Sprachkenntnisse

Zweck

Aus- und Fortbildung zukünftiger Führungskräfte der internationalen Wirtschaft

---

Förderung

Programm:

- evtl. Sprachkurs
- Studium an der University of South Carolina, SC
- berufsbezogenes Praktikum

Dauer:

21–23 Monate

Finanzierung:

- Eigenmittel ca. 25.000,– US-Dollar sowie Reisekosten und Taschengeld, abzüglich eines möglichen Praktikantenentgelts
- evtl. einmaliges Teilstipendium für Teilnehmer mit überdurchschnittlichen Leistungen

---

Institution Carl Duisberg Gesellschaft e. V.

Hohenstaufenring 30–32
Postfach 26 01 20
5000 Köln 1
Tel. (0221) 20 98-0

Stichwort Parlamentarisches Patenschaftsprogramm für junge Berufstätige in USA

Zielgruppe Junge Berufstätige

Voraussetzungen:

- Höchstalter: 21 Jahre
- abgeschlossene Ausbildung
- gute Grundkenntnisse bis gute engl. Sprachkenntnisse

Zweck Berufliche, sprachliche und persönliche Fortbildung der Teilnehmer, landeskundliche Informationen

---

Förderung Programm/Dauer:

- ca. 4 Wochen Homestay-Programm und Einführungsphase
- 1 Semester oder 1 Quarter Studium am Community College oder einer anderen Bildungseinrichtung
- ca. 6 Monate berufsbezogenes Praktikum
- Unterbringung in Gastfamilien
- Vor- und Nachbereitungsseminar

Dauer:

12 Monate

Finanzierung:

- Stipendien des Deutschen Bundestages bzw. des Amerikanischen Kongresses
- Eigenmittel der Teilnehmer ca. 2.500,– US-Dollar

Institution Carl Duisberg Gesellschaft e. V.

Hohenstaufenring 30–32
Postfach 26 01 20
5000 Köln 1
Tel. (0221) 20 98-0

Stichwort Polen-Programm

Zielgruppe Fach- und Führungskräfte aus dem Handwerk und der Wirtschaft (auch Stukkateure und Restauratoren)

Voraussetzungen:

- Alter 23–50 Jahre
- abgeschlossene Berufsausbildung
- mindestens 2 Jahre Berufserfahrung

Zweck Fachliche Weiterbildung

Förderung Programm:

ist auf die individuellen Wünsche des Teilnehmers zugeschnitten

Dauer:

bis zu 12 Wochen

Finanzierung:

- Eigenmittel für An- und Abreise; ggf. Zuschuß der CDG
- Kostenübernahme für Aufenthalt in Polen durch polnische Seite

Institution

Carl Duisberg Gesellschaft e. V.

Hohenstaufenring 30–32
Postfach 26 01 20
5000 Köln 1
Tel. (0221) 20 98-0

Stichwort

Praktikum an deutschen Auslandshandelskammern in Entwicklungs- und Schwellenländern

---

Zielgruppe

Wirtschaftswissenschaftler

Voraussetzungen:

- abgeschlossenes Studium
- gute Kenntnisse in Englisch bzw. der Landessprache
- Zusage des Geschäftsführers der Auslandshandelskammer

Zweck

Berufliche Weiterbildung, Erweiterung der Sprachkenntnisse, landeskundliche Informationen

---

Förderung

Programm:

Praktikum an einer deutschen Auslandshandelskammer

Dauer:

ca. 3–6 Monate

Finanzierung:

- Eigenmittel der Teilnehmer
- Darlehen des Carl Duisberg Fördererkreises
- evtl. Zuschuß der Auslandshandelskammer

Institution Carl Duisberg Gesellschaft e. V.

Hohenstaufenring 30–32
Postfach 26 01 20
5000 Köln 1
Tel. (0221) 20 98-0

Stichwort Praktikum für Ausbilder in einem Mitgliedsstaat des Europarates

---

Zielgruppe Ausbilder in Betrieben, Berufsbildungszentren oder Berufsschulen oder Angehörige des mittleren Managements im Ausbildungsbereich

Voraussetzungen:

- Alter 26–50 Jahre
- mindestens 3 Jahre Berufserfahrung
- ausreichende Sprachkenntnisse des Gastlandes

Zweck Theoretische und praktische Fortbildung im Ausbildungswesen

---

Förderung Programm/Dauer:

- 2–4 Wochen

Finanzierung:

- Stipendien des Europarates

Sonstiges Praktikantenplatz muß vom Teilnehmer gesucht werden; es besteht die Verpflichtung einen Ergebnisbericht vorzulegen.

Institution Carl Duisberg Gesellschaft e. V.

Hohenstaufenring 30–32
Postfach 26 01 20
5000 Köln 1
Tel. (0221) 20 98-0

Stichwort Praktikum für Führungskräfte in China oder Japan

Zielgruppe Fach- und Führungskräfte vorwiegend aus dem technischen Bereich

Voraussetzungen:

- Alter bis 30 Jahre
- abgeschlossene Berufsausbildung
- Berufserfahrung
- gute englische Sprachkenntnisse
- gute Grundkenntnisse der chinesischen bzw. japanischen Sprache bei der Ausreise

---

Zweck Berufliche Weiterbildung, Erweiterung der Sprachkenntnisse, landeskundliche Informationen

---

Förderung Programm:

- berufsbezogenes Praktikum
- Sprachkurs während des Praktikums

Dauer:

6 Monate

Finanzierung:

- Eigenmittel für Reise- und Aufenthaltskosten
- evtl. Darlehen des Carl Duisberg Förderkreises für China bzw. Teilstipendien des Auswärtigen Amtes für Japan

---

Institution

Carl Duisberg Gesellschaft e. V.

Hohenstaufenring 30–32
Postfach 26 01 20
5000 Köln 1
Tel. (0221) 20 98-0

Stichwort

Praxissemester im Ausland / USA, Großbritannien und andere Industrieländer

---

Zielgruppe

Fachhochschulstudenten im Bereich Wirtschaft oder Technik

Voraussetzungen:

- gute Kenntnisse der Sprache des Gastlandes
- abgeschlossenes Grundstudium bzw. mindestens 3 Semester theoretisches Studium

---

Zweck

Vermittlung von Auslandserfahrungen für zukünftige Fach- und Führungskräfte; Erweiterung der Sprachkenntnisse

---

Förderung

Programm/Dauer:

- 6 Monate Praktikum
- Vor- und Nachbereitungsseminar

Finanzierung:

- Praktikumsentgelt bzw. Stipendium
- Eigenbeteiligung ca. 3 000,– DM

Institution

Carl Duisberg Gesellschaft e. V.

Hohenstaufenring 30–32
Postfach 26 01 20
5000 Köln 1
Tel. (0221) 20 98-0

Stichwort

Stipendienprogramm für Berufsanfänger in verschiedenen EG-Staaten

---

Zielgruppe

Berufsanfänger

Voraussetzungen:

- abgeschlossene Lehre
- max. 6 Monate Berufserfahrung im erlernten Beruf
- Alter 18–25 Jahre
- Sprachkenntnisse des Gastlandes

Zweck

Fachliche Weiterbildung, Kennenlernen anderer Arbeitsmethoden, sprachliche Weiterbildung

---

Förderung

Programm:

- 1 Monat Sprach- und Einführungskurs
- 2 Monate berufsbezogenes Praktikum

Finanzierung:

- Zuschüsse der EG
- Eigenmittel der Teilnehmer
- Praktikumsentgelt ca. 1000 DM pro Monat

Sonstiges

Bewerbungen von Interessenten aus dem kaufmännischen Bereich und mit akademischer Ausbildung können aufgrund der EG-Richtlinien nicht berücksichtigt werden.

Institution Carl Duisberg Gesellschaft e. V.

Hohenstaufenring 30–32
Postfach 26 01 20
5000 Köln 1
Tel. (0221) 20 98-0

Stichwort Stipendienprogramm zur Förderung der beruflichen Fortbildung im Ausland in besonderen Fachgebieten

---

Zielgruppe Qualifizierte Fachleute (z. B. Meister, Techniker, praktische Betriebswirte, Fachwirte)

Voraussetzungen:

- abgeschlossene nichtakademische Berufsausbildung
- mindestens einjährige Berufserfahrung
- gute Kenntnisse der jeweiligen Landessprache
- konkrete Vorschläge für eine Fortbildungsmaßnahme

Zweck Förderung individueller Weiterbildungsmaßnahmen zur Anpassung an neue berufliche Entwicklungen oder zur Vorbereitung auf den beruflichen Aufstieg

---

Förderung Programm:

richtet sich nach der vorgeschlagenen Fortbildungsmaßnahme

Dauer:

3–12 Monate

Finanzierung:

- Stipendien des Bundesministers für Bildung und Wissenschaft
- Eigenmittel der Teilnehmer

Institution

Carl Duisberg Gesellschaft e. V.

Hohenstaufenring 30–32
Postfach 26 01 20
5000 Köln 1
Tel. (0221) 20 98-0

Stichwort

Studienbesuche für Sachverständige der beruflichen Bildung in den Mitgliedstaaten der EG

Zielgruppe

Entscheidungsträger und Multiplikatoren in der beruflichen Bildung

Voraussetzung:

gute Sprachkenntnisse des Ziellandes

Zweck

Berufliche Weiterbildung, Erweiterung spezifischer Kenntnisse der beruflichen Bildung in anderen Mitgliedstaaten der EG, Fachkontakte

---

Förderung

Programm:

Studienbesuche in Kleingruppen zu bestimmten, von der EG festgelegten Themen

Dauer:

1 Woche

Finanzierung:

Kosten werden durch Zuschuß der EG gedeckt

Sonstiges

Der Teilnehmer ist verpflichtet, einen schriftlichen Kurzbericht anzufertigen; Programm ist auf Gegenseitigkeit angelegt

---

Institution Carl Duisberg Gesellschaft e. V.

Hohenstaufenring 30–32
Postfach 26 01 20
5000 Köln 1
Tel. (0221) 20 98-0

Stichwort Training/Study-Programm für Gärtner/Pflanzenzüchter

---

Zielgruppe Gärtner, Floristen, Pflanzenzüchter und Botaniker

Voraussetzungen:

- Alter 20–30 Jahre
- abgeschlossene Berufsausbildung
- 2jährige Berufserfahrung nach der Ausbildung
- englische Sprachkenntnisse

Zweck Fachorientiertes Praktikum mit parallelem Studium in den USA

Förderung Programm:

- 2–3 Wochen Homestay-Programm und Einführungsveranstaltung an der Universität
- 6–9 Monate berufsbezogenes Praktikum
- 3 Monate Vollzeitpraktikum, Teilzeitstudium
- Vor- und Nachbereitungsseminar

Finanzierung:

- Eigenmittel der Teilnehmer ca. 8.000,– DM bei Reiseantritt; ggf. Teilstipendien bis max. 4.000,– DM
- Aufenthaltskosten während des Praktikums werden in der Regel durch das Praktikantenentgelt abgedeckt

Institution

Carl Duisberg Gesellschaft e. V.

Hohenstaufenring 30–32
Postfach 26 01 20
5000 Köln 1
Tel. (0221) 20 98-0

Stichwort

Ungarn-Programm

Zielgruppe

Technische und kaufmännische Fach- und Führungskräfte

Voraussetzungen:
- Alter bis 50 Jahre
- abgeschlossene Berufsausbildung
- mindestens 2 Jahre Berufserfahrung

Zweck

Fachliche Information in Ungarn

Allgemeine Information über das ungarische sozialistische Wirtschaftssystem

---

Förderung

Programm:

Ausarbeitung nach den Wünschen der Teilnehmer

Finanzierung:
- Eigenmittel für Reisekosten und Anteil an Lebenshaltungskosten; ggf. Zuschuß der CDG
- Kostenübernahme für Aufenthalt werden von ungarischer Seite getragen

Institution Carl Duisberg Gesellschaft e. V.

Hohenstaufenring 30–32
Postfach 26 01 20
5000 Köln 1
Tel. (0221) 20 98-0

Stichwort Weiterbildungsaufenthalt für Fach- und Führungskräfte der beruflichen Bildung in Israel

---

Zielgruppe Ausbilder und Ausbildungsleiter
Ausbildungsberater
Weiterbildungspersonal

Voraussetzungen:
- Erfüllung der Eignungsanforderungen des Berufsbildungsgesetzes
- langjährige Berufserfahrung
- Alter bis 55 Jahre

Zweck Berufsbezogene Weiterbildung, Erweiterung der Kenntnisse über das Berufsbildungssystem, Erfahrungsaustausch

---

Förderung Programm:

Informations- und Besuchsprogramm in Industrieunternehmen und Bildungseinrichtungen (betriebliche und überbetriebliche Ausbildungsstätten sowie Schulen)

Dauer:

2–4 Wochen

Finanzierung:
- Bundesministerium für Bildung und Wissenschaft
- Aufenthalts- und Programmkosten werden vom israelischen Partner übernommen
- Gehaltsfortzahlung durch den Arbeitgeber

Sonstiges Der Teilnehmer ist verpflichtet, bis spätestens 6 Wochen nach seiner Rückkehr einen Bericht vorzulegen; Programm ist auf Gegenseitigkeit angelegt.

Institution	Carl Duisberg Gesellschaft e. V. Hohenstaufenring 30–32 Postfach 26 01 20 5000 Köln 1 Tel. (0221) 20 98-0
Stichwort	Work-Study-Program für Abiturienten (MBA)
Zielgruppe	Abiturienten Voraussetzungen: Alter bis 25 Jahre
Zweck	Vermittlung eines Vollstudiums in „Business Administration“ (Betriebsw.) an amerikanischer Universität
Förderung	Programm: Studium an der Texas Christian University, Fort Worth, Texas; Abschluß: „Master of Business Administration“ Dauer: max. 4 Jahre Finanzierung: Eigenmittel der Teilnehmer ca. 30.000,– bis 40.000,– US-Dollar sowie Reisekosten und Taschengeld
Sonstiges	Teilnehmer erhalten eine Arbeitsgenehmigung

Institution Carl Duisberg Gesellschaft e. V.

Hohenstaufenring 30–32
Postfach 26 01 20
5000 Köln 1
Tel. (0221) 20 98-0

Stichwort Work-Study-Program für Kaufleute, Ingenieure, Fachkräfte des Hotel- und Gaststättengewerbes in den USA

Zielgruppe Kaufleute, Ingenieure, Betriebs- und Volkswirte, Sekretärinnen, Auslandskorrespondenten, Hotelfachleute

Voraussetzungen:

- Alter 21–30 Jahre
- abgeschlossene Berufsausbildung
- mindestens einjährige Berufserfahrung
- gute englische Sprachkenntnisse

Zweck Fortbildung zukünftiger Fach- und Führungskräfte, Vertiefung der Fremdsprachenkenntnisse

---

Förderung Programm/Dauer:

- 7 Wochen Sommerkurs an der Cornell Universität, Ithaca, NY für Hotelfachleute
  bzw. 1 Semester Studium an amerikanischer Hochschule
- 12 bis 18 Monate berufsbezogenes Praktikum
- Vor- und Nachbereitungsseminar

Finanzierung:

- Eigenmittel der Teilnehmer ca. 17.000,– DM
- ggf. Teilstipendien des Auswärtigen Amtes
- Aufenthaltskosten während der berufsbezogenen Tätigkeit werden durch das Gehalt weitgehend abgedeckt

---

Institution Carl Duisberg Gesellschaft e. V.

Hohenstaufenring 30–32
Postfach 26 01 20
5000 Köln 1
Tel. (0221) 20 98-0

Stichwort Work-Study Program für Landwirte in den USA

Zielgruppe Landwirte

Agraringenieure, Gärtner

Voraussetzungen:

- Alter 20–30 Jahre
- abgeschlossene Berufsausbildung
- Berufserfahrung
- englische Sprachkenntnisse

Zweck Theoretische und praktische Fortbildung in den USA

Förderung Programm/Dauer:

- 2–3 Wochen Einführungsveranstaltung an der Universität, Homestay-Programm
- 9 Monate berufsbezogenes Praktikum
- 3 Monate Fachstudium
- Möglichkeit eines 2. neunmonatigen Praktikums nach eigener Wahl

Finanzierung:

- Stipendien max. 4.000,– DM
- Eigenmittel ca. 4.000,– DM
- Aufenthaltskosten werden in der Regel durch das Praktikantenentgelt abgedeckt

Sonstiges Universität vermittelt das erste Betriebspraktikum, die zweite Praktikantenstelle muß vom Teilnehmer selbst gefunden werden.

Institution

Dr. Carl Duisberg-Stiftung
für das Auslandsstudium deutscher Studenten

Bayerwerk
5090 Leverkusen

Stichwort

Stipendien Naturwissenschaftler

Zielgruppe

Junge Naturwissenschaftler, vorzugsweise Chemiker, Physiker

Voraussetzungen:

- abgeschlossenes Vorexamen
- Diplomstudium noch nicht abgeschlossen
- sehr gute Examensnoten

Allg. Voraussetzungen:

- Nachweis ausreichender Beherrschung der Landessprache des Gastlandes
- Gutachten des zuständigen Hochschullehrers

Zweck

Studium qualifizierter junger deutscher Studenten der Naturwissenschaften im europäischen Ausland

---

Förderung

Programm:

Forschungs- bzw. Studienaufenthalt an Hochschule im europäischen Ausland

Finanzierung: Stipendium

Sonstiges

Bewerbung jederzeit; spätestens 3 Monate vor Stipendienantritt

---

Institution

Dr. Carl Duisberg-Stiftung
zur Fortbildung von deutschen
Studierenden der Medizin

Bayerwerk
5090 Leverkusen

Stichwort

Famulaturen

Zielgruppe

Medizinstudenten

Voraussetzungen:

ärztliche Vorprüfung und erster Teil der ärztlichen Prüfung mit überdurchschnittlicher Punktzahl

Allg. Voraussetzungen:

- Nachweis ausreichender Beherrschung der Landessprache des Gastlandes
- Gutachten des zuständigen Hochschullehrers

Zweck

Famulaturen junger Medizinstudenten im Ausland

Förderung

Reisekostenzuschüsse für Famulaturen im Ausland

Sonstiges

Bewerbung jederzeit, spätestens aber 3 Monate vor Reiseantritt

---

Institution

Centre International
de Formation Européenne

4, Boulevard Carabacel,
B. P. 176
F-06000 Nice
Tel. (003393) 85 85 57

Stichwort

Studium an europäischen Hochschulinstituten

Zielgruppe

Jungakademiker

Zweck

Interdisziplinäre Studien für zukünftige Führungskräfte auf europäischer bzw. internationaler Ebene

---

Förderung

Einjähriges interdisziplinäres Studium am: Institut Européen des Hautes Etudes Internationales (Universität Nizza); Abschluß: Diplom

oder

Collège universitaire d'Etudes Fédéralistes (Aostatal, Italien); Abschluß: Zeugnis

---

Sonstiges

Weitere Auskünfte bei:

I.E.H.E.I.
Palais de Marbre
9, Avenue de Fabron
F-06200 Nice
Tel. (003393) 86 39 12

Institution CERN – Europäisches Laboratorium für Teilchenphysik

CH-1211 Genf 23
Tel. (004122) 7 67 44 71

Stichwort Auslandsstipendien

Zielgruppe Qualifizierte junge Wissenschaftler und Ingenieure

Voraussetzung:
3 Empfehlungsschreiben (englisch oder französisch) von anerkannten Wissenschaftlern

---

Zweck Wissenschaftliche Fortbildung auf den Gebieten Teilchenphysik, Angewandte Physik, Ingenieurwissenschaften

---

Förderung Programm:
Forschungsaufenthalt bei der CERN

Dauer:
1 Jahr; Verlängerung um 1 Jahr möglich

Finanzierung:
Vergütung ca. 4000,– sfr bis 5800,– sfr pro Monat (steuerfrei)

Sonstiges Nähere Informationen bei:

Büro Führungskräfte zu internationalen Organisationen (BFIO)
Feuerbachstr. 44
6000 Frankfurt 1
Tel. (069) 7 11 13 09/7 11 15 70
oder bei:
Fellows and Associates Service
Personnel Division
CERN
CH-1211 Genf 23

Institution	CERN – Europäisches Laboratorium für Teilchenphysik CH-1211 Genf 23 Tel. (004122) 7 67 61 11
Stichwort	Summer Student Course
Zielgruppe	Studenten der Physik, Elektrotechnik und Informatik Voraussetzungen: – 6 Fachsemester Studium – 2 Empfehlungsschreiben (englisch oder französisch) von anerkannten Wissenschaftlern
Zweck	Vermittlung von praktischen Erfahrungen durch Mitarbeit an Hochenergieexperimenten; zusätzliche Lehrveranstaltungen im Bereich der Hochenergie- und Elementarteilchenphysik
Förderung	Programm: – Mitarbeit in einer Gruppe von Wissenschaftlern mit vorgegebener Zielrichtung – Teilnahme an begleitenden Lehrveranstaltungen Dauer: 2–3 Monate in der Zeit von Juni bis September Finanzierung: Zahlung von Tagegeld- und Reisekostenpauschalen
Sonstiges	Nähere Informationen bei: Fellows and Associates Service Personnel Division CERN CH-1211 Genf 23

Institution CERN – Europäisches Laboratorium für Teilchenphysik

CH-1211 Genf 23
Tel. (004122) 7 67 44 71

Stichwort Tagegeld- und Reisekostenpauschalen

Zielgruppe Qualifizierte Wissenschaftler und Ingenieure

Zweck Förderung von Wissenschaftlern, die am CERN-Forschungsprogramm teilnehmen möchten

---

Förderung Zahlung von Tagegeld- und Reisekostenpauschalen

Dauer:
bis zu einem Jahr

Sonstiges Nähere Informationen bei:
Fellows and Associates Service
Personnel Division
CERN
CH-1211 Genf 23

Institution

The Council of International Programs (C.I.P.) for Youth Leaders and Social Workers
Arbeitsgemeinschaft für Jugendhilfe (AGJ)

Haager Weg 44
5300 Bonn 1
Tel. (0228) 28 50 85-87

Stichwort

Studienaufenthalt in den USA

Zielgruppe

Hauptberufliche oder ehrenamtliche sozialpädagogische Fachkräfte der Jugend-, Sozialarbeit und Rehabilitation

Voraussetzungen:

- Alter 23–40 Jahre
- sehr gute Englischkenntnisse
- Berufserfahrung oder langjährige ehrenamtliche Tätigkeit

Zweck

Erfahrungen in Theorie und Praxis der amerikanischen Jugend- und Sozialarbeit; beruflicher Erfahrungsaustausch

---

Förderung

Programm/Dauer:

3–4wöchige Studienseminare; anschließend 3 Monate oder 12 Monate praktischer Arbeitseinsatz

Finanzierung:

Stipendium zur Abdeckung sämtlicher Kosten (einschl. Versicherungen und Taschengeld)

Sonstiges

- Keine einheitliche bundes- oder landesrechtliche Regelung im Hinblick auf Dienstfreistellung oder Fortzahlung der Bezüge.
- Keine Anerkennung als Praktikum

Institution CVJM – Reisen

Im Druseltal 8
Postfach 41 01 49
3500 Kassel-Wilhelmshöhe
Tel. (0561) 30 87-0

Stichwort Christliche Reisen, Studien-, Rund- und Städtereisen, Erlebnis- und Sonnenreisen, Sprachreisen

---

Zielgruppe erwachsene und jugendliche Einzelteilnehmer
geschlossene Gruppen (Diakonie, Bildungseinrichtungen, Sportvereine, Parteien, Gewerkschaften, CVJM-Gruppen)

Zweck Internationale Begegnungen

Förderung Komplette Programmvorbereitung zu Reisen aller Art im In- und Ausland

Ermäßigung für kirchliche und missionarische Mitarbeiter weltweit (Flugpassagen)

Institution

Deutsch-Französisches Jugendwerk (DFJW)

Rhöndorfer Str. 23
5340 Bad Honnef 1
Tel. (02224) 18 08-0

Stichwort

Aus- und Fortbildung der Gruppenleiter und Mitarbeiter

Zielgruppe

Gruppenleiter von Jugendverbänden

Ausbilder und Animateure von Jugendverbänden, Ausbildungsinstitutionen, Fortbildungsprogrammen

Sozialwissenschaftler, Pädagogische Wissenschaftler

Französischlehrer aus der Jugend- und Erwachsenenbildung

Zweck

Fachliche Weiterbildung von Pädagogen und pädagogischen Mitarbeitern

---

Förderung

Programme:

- Pädagogische Ausbildungsprogramme
- Experimentelle forschungsorientierte Programme
- Aus- und Fortbildungskurse für außerschulischen Sprachunterricht

Dauer:

1–3 Wochen (je nach Programm)

Finanzierung:

- Zuschüsse zu den Fahrt- und Aufenthaltskosten
- ggf. Eigenmittel

Institution

Deutsch-Französisches Jugendwerk (DFJW)

Rhöndorfer Str. 23
5340 Bad Honnef 1
Tel. (02224) 18 08-0

Stichwort

Informations- und Kontaktprogramme

Zielgruppe

Jugendgruppen und Jugendverbände
Arbeitnehmer (18–30 Jahre)
Auszubildende
Jugendliche im Alter zwischen 14 und 25 Jahren

Zweck

Deutsch-französische Jugendbegegnungen

Förderung

Programmbeispiele:

- Gruppenfahrten
- Berufsorientierte Begegnungen
- Austausch von Auszubildenden
- Jugend- und Ferienzentren
- Familienerholung
- Pfadfinderlager
- Jugendgemeinschaftsdienste
- Begegnungen von Sportvereinen
- Plein Air-Programme
- Besuchsfahrten in Partnerstädte

Finanzierung:

- Erstattung der Fahrtkosten/pauschal
- ggf. Zuschüsse zu den Aufenthaltskosten

Institution	Deutsch-Französisches Jugendwerk (DFJW) Rhöndorfer Str. 23 5340 Bad Honnef 1 Tel. (02224) 18 08-0
Stichwort	Informationsprogramme mit Sprachförderung
Zielgruppe	Schüler allgemeinbildender Schulen (14–17 Jahre) Jugendliche im Alter zwischen 15 und 18 Jahren
Zweck	Fremdsprachenförderung für Schüler und Jugendliche
Förderung	Programme: – Schulklassenaustausch – Ferienprogramme mit Sprachaktivitäten Dauer: 2–3 Wochen Finanzierung: Zuschüsse zu den Reise- und Aufenthaltskosten

Institution Deutsch-Französisches Jugendwerk (DFJW)

Rhöndorfer Str. 23
5340 Bad Honnef 1
Tel. (02224) 18 08-0

Stichwort Mittel- und langfristige Aufenthalte

Zielgruppe Junge Berufstätige mit abgeschlossener (i. d. R.) Berufsausbildung (18–30 Jahre)

Studierende zwischen 18 und 30 Jahren

Grundschullehrer(innen) und Erzieher(innen)

Zweck Deutsch-französische Verständigung

Förderung

Programme:

- Arbeitsaufenthalte
- Praktika
- Vor- und Grundschulprogramm
- Studienstipendien
- Ausbildungsaufenthalte für zukünftige Grundschullehrer

Dauer:

1–12 Monate (unterschiedlich nach Programm)

Finanzierung:

- Erstattung der Fahrtkosten/pauschal
- Übernahme der Programmkosten
- Unterhaltskostenzuschüsse
- Monatliche Stipendien (i. d. R.)

Institution

Deutsch-Französisches Jugendwerk (DFJW)

Rhöndorfer Str. 23
5340 Bad Honnef 1
Tel. (02224) 18 08-0

Stichwort

Sprachkurse

Zielgruppe

- Mitarbeiter und Leiter von deutsch-französischen Austauschprogrammen
- junge Berufstätige, die an einem Arbeitsaufenthalt teilnehmen
- Studenten, die ein Studium in einem anderen Land absolvieren
- Lehrkräfte im Vor- und Grundschulbereich

Zweck

Erweiterung der Sprachkenntnisse

Förderung

Programme:

Stipendien für Intensivsprachkurse in Frankreich

Dauer:

1–2 Monate (je nach Programm)

Finanzierung:

- Übernahme der Fahrtkosten/pauschal
- Sprachstipendien
- Eigenbeitrag der Teilnehmer

Institution Deutsch-Französisches Jugendwerk (DFJW)

Rhöndorfer Str. 23
5340 Bad Honnef 1
Tel. (02224) 18 08-0

Stichwort Themenorientierte Programme

Zielgruppe Jugendliche zwischen 18 und 25 Jahren

Junge Arbeitnehmer eines bestimmten Berufszweiges (18–25, in Ausnahmen 30 Jahre)

Junge Arbeitnehmergruppen verschiedener Berufszweige und Branchen (18–25, in Ausnahmen 30 Jahre)

Studierende an Universitäten

Junge Leistungssportler (Höchstalter 25 Jahre)

Zweck Vertiefung der deutsch-französischen Zusammenarbeit

Förderung Programme:

- Seminare im Bereich der allgemeinen Jugendbildung
- Programme mit sozio-ökonomischer Thematik
- Seminare für junge Berufstätige, Hochschulseminare
- Themenorientierte und experimentelle Begegnungsprogramme
- Gemeinsame Trainingsprogramme junger Sportler

Dauer:

1–2 Wochen (unterschiedlich nach Programm)

Finanzierung:

- Erstattung der Fahrtkosten (pauschal)
- Zuschüsse zu den Aufenthalts- und Programmkosten

Institution Deutsch-Kanadische Gesellschaft e. V.

c/o Asia Pacific Center
Kaiser-Wilhelm-Ring 20
Postfach 19 03 27
5000 Köln 1
Tel. (0221) 1 60 21-0

Stichwort Werkstudentenprogramm

Zielgruppe Studenten aller Fachrichtungen an deutschen Hochschulen, bevorzugt ab 3. Semester

Voraussetzungen:

- deutsche Staatsangehörigkeit
- gute englische oder französische Sprachkenntnisse
- Immatrikulation an einer deutschen Hochschule
- Nachweis von Aktivitäten im Dienste der Allgemeinheit
- Mitgliedschaft in der Deutsch-Kanadischen Gesellschaft (bei Teilnahme am Programm)
- Ärztliche Unbedenklichkeit

Zweck Studentenaustausch Deutschland–Kanada in den Sommersemesterferien

---

Förderung Programm/Dauer:

- 2tägiges Vorbereitungsseminar
- ein bezahlter Arbeitsplatz in Kanada für 2 Monate
- ein Reisemonat nach eigenen Vorstellungen

Finanzierung:

- Reisekostenzuschuß
- Arbeitsverdienst
- Eigenbeitrag ca. 1.200,– DM

Sonstiges Bewerbungsschluß Ende November/Anfang Dezember eines jeden Jahres

Institution	Deutsche Auslandshandelskammern (AHK) Postfach 14 46 5300 Bonn 1
Stichwort	Wahlstation für Rechtsreferendare
Zielgruppe	Rechtsreferendare
Zweck	Wahlstation im Ausland
Förderung	Programm: Ausbildung im Ausland in bilateralen Beratungseinrichtungen der Wirtschaft Dauer: 3–6 Monate Finanzierung: Weiterzahlung der Unterhaltszuschüsse der deutschen Ausbildungsdienststelle
Sonstiges	Adressen und Informationen erhältlich bei: Deutscher Industrie- und Handelstag Abt. I AHK – Personal Postfach 14 46 5300 Bonn 1

Institution	Deutsche Auslandshandelskammern (AHK) Postfach 14 46 5300 Bonn 1
Stichwort	Praktikum bei deutschen Auslandshandelskammern
Zielgruppe	Qualifizierte junge Wirtschaftswissenschaftler (Diplom-Kaufleute, Diplom-Volkswirte, Diplom-Wirtschaftsingenieure), bis 35 Jahre
Zweck	Erwerb von praktischem Auslandswissen
Förderung	Programm: Beschäftigung bei AHKn, insbesondere Entwicklungsländer Dauer: mindestens 3–6 Monate Finanzierung: Darlehen
Sonstiges	Informationen erhältlich bei: Deutscher Industrie- und Handelstag Abt. I AHK – Personal Postfach 14 46 5300 Bonn 1

Institution Deutsche Forschungsgemeinschaft

Kennedyallee 40
Postfach 205004
5300 Bonn 2
Tel. (0228) 88 51

Stichwort Auslandsstipendien

Zielgruppe Promovierte jüngere Wissenschaftler

Voraussetzung:

überdurchschnittliche Qualifikation für dauerhafte wissenschaftliche Tätigkeit (Gutachten)

Zweck Förderung qualifizierter jüngerer Wissenschaftler

Förderung Programme:

- Ausbildungsstipendien (zur Einarbeitung in ein spezielles Gebiet)
- Forschungsstipendien
- Habilitationsstipendien
- Postdoktorandenstipendien

Dauer:

- bis zu 2 Jahren
- Postdoc: bis zu 3 Jahren

Finanzierung:

- Stipendium zur Deckung des Lebensunterhalts (Auslandszuschlag, ggf. Kaufkraftausgleich, Familienzuschlag)
- Sachkostenzuschuß (200,– DM monatlich; Postdoc zusätzlich bis 300,– DM möglich)
- Übernahme der Reisekosten

Sonstiges Postdoktorandenstipendien sind bei den Universitäten zu beantragen; 3–4 Antragstermine im Jahr

---

Institution	Deutsche Forschungsgemeinschaft Kennedyallee 40 Postfach 205004 5300 Bonn 2 Tel. (0228) 88 51
Stichwort	Reisebeihilfen
Zielgruppe	Wissenschaftler Voraussetzung: i. d. R. Promotion
Zweck	Wissenschaftliche Fortbildung, Durchführung von Forschungsvorhaben
Förderung	Reisebeihilfen (Zuschüsse) für Forschungsaufenthalte im Ausland Zuschüsse zu den Gesamtkosten für Teilnahme an wissenschaftlichen Kurzlehrgängen und Ferienkursen
Sonstiges	Angehörige von Hochschulen sollen den DFG-Vertrauensdozenten von einer Antragstellung unterrichten

Institution

Deutsche Forschungsgemeinschaft
(Referat WB 3)

Kennedyallee 40
Postfach 205004
5300 Bonn 2
Tel. (0228) 88 51

Stichwort

Fogarty International Center

Zielgruppe

Biowissenschaftler

Voraussetzungen:

- Promotion und Forschungserfahrung
- gute englische Sprachkenntnisse
- gesicherte berufliche Position nach der Rückkehr (Nachweis)

Zweck

Sonderausbildung „Biomedical Sciences“ für Biowissenschaftler

---

Förderung

Programm:

Biowissenschaftliche und biochemische Sonderausbildung in den USA

Dauer/Finanzierung:

nähere Informationen bei der DFG

Sonstiges

Bewerbungsschluß 15. April eines Jahres

Institution	Deutsche Jugend in Europa (DJO) Landesverband Niedersachsen e. V. Goseriede 7 3000 Hannover 1 Tel. (0511) 32 76 89
Stichwort	Jugendfreizeit
Zielgruppe	Jugendliche Studenten
Zweck	Internationale Jugendbegegnung
Förderung	Programm: Städtetouren im europ. Ausland Skikurse und Kulturfreizeiten (Seminare) internationale Jugendlager Dauer: 1 bis 3 Wochen Finanzierung: Teilnehmerbeitrag und Zuschüsse
Sonstiges	Sozialpädagogische Praktika sind u. U. möglich. Vermittlung längerfristiger Aufenthalte nicht möglich.

Institution

Deutsche Stiftung für Internationale Entwicklung (DSE)
Zentralstelle für Auslandskunde

Lohfelder Straße 128
5340 Bad Honnef
Tel. (02224) 1 82-0

Stichwort

Entwicklungsländer – Vorbereitung deutscher Fachkräfte

Zielgruppe

Fachkräfte für eine Tätigkeit in Entwicklungsländern und deren mitausreisende Ehepartner oder Lebensgefährten

---

Zweck

Die Teilnehmer sollen im zukünftigen Gastland für einen längeren Zeitraum leben und aufgabengerecht arbeiten können.

Förderung

Aufgabenschwerpunkt ist das Drei-Monats-Seminar mit den Programmbereichen Sprache, Entwicklungspolitik, Landeskunde, Zusammenarbeit und Trainingskurse (4 × jährlich).

Die ‚Kleine Landeskunde' ist ein 1-wöchiges individuelles Lernprogramm für Ausreisende, die nicht am 3-Monats-Seminar teilnehmen können. Kenntnisse über das zukünftige Gastland werden vornehmlich im Selbststudium anhand von vorbereiteten Materialien vom Teilnehmer erarbeitet.

Sonstiges

Die Anmeldung zur Teilnahme an den Vorbereitungsmaßnahmen erfolgt in der Regel durch die jeweilige entsendende/vermittelnde Institution.

Institution Deutscher Akademischer Austauschdienst

Kennedyallee 50
Postfach 20 08 04
5300 Bonn 2
Tel. (0228) 88 21

Stichwort

Amerikanisten, Anglisten, Kanadisten und Studierende anderer geistes- und sozialwissenschaftlicher Fächer nach USA und Kanada

---

Zielgruppe

Studierende der Amerikanistik, Anglistik, Kanadistik und anderer geistes- und sozialwissenschaftlicher Fächer mit Nordamerika-Schwerpunkt

Voraussetzungen:

2.–6. Fachsemester (in Ausnahmen 7.); Ablegen des „Test of English as a Foreign Language“ (TOEFL)

Zweck

Förderung eines sprach-, literatur- und landeskundlichen Studiums an ausgewählten Hochschulen

---

Förderung

Programm:

Literatur-, sprach- und landeskundliches Studium als vollimmatrikulierte Studenten

Dauer:

10 Monate

Finanzierung:

- Stipendium monatlich
  USA – 1.337,– DM
  CDN – 1.225,– DM
- Übernahme der Reisekosten
- Übernahme der Studiengebühren

Institution

Deutscher Akademischer Austauschdienst

Kennedyallee 50
Postfach 20 04 04
5300 Bonn 2
Tel. (0228) 88 21

Stichwort

Arabischkurs Tunis

Zielgruppe

Studierende höherer Semester der Orientalistik und fortgeschrittene Studenten anderer Fachrichtungen, die Arabisch im Nebenfach studieren

Voraussetzungen:
- mind. 4. Semester
- gute Grundkenntnisse in Arabisch

Zweck

Sprachförderung

Förderung

Programm:

Arabischkurs beim Institut Bourgiba des Langues Vivantes, Université de Tunis, 47, Avenue de la Liberté, Tunis

Dauer:

5 Wochen

Finanzierung:

Teilstipendium DM 1.500,–

Sonstiges

Bewerbung direkt beim DAAD, Referat 31

Institution	Deutscher Akademischer Austauschdienst Kennedyallee 50 Postfach 20 04 04 5300 Bonn 2 Tel. (0228) 88 21
Stichwort	Arabisch-Intensivkurs in Kairo
Zielgruppe	Hauptfachstudenten der Orientalistik (keine graduierten Orientalisten) Voraussetzungen: – mindestens 4 Semester Orientalistik – Abschluß eines arabischen Anfängerkurses oder gleichwertige Sprachkenntnisse
Zweck	Sprachlich-kulturelle Weiterbildung
Förderung	Programm: Arabisch-Intensivkurs an der Ain-Shams-Universität Dauer: 7 Wochen Finanzierung: – Teilstipendium (ca. 2.600 DM)
Sonstiges	Bewerbung direkt beim DAAD, Referat 31

Institution

Deutscher Akademischer Austauschdienst

Kennedyallee 50
Postfach 20 04 04
5300 Bonn 2
Tel. (0228) 88 21

Stichwort

Deutsch-französische Studienprogramme für ausgewählte Fachbereiche

---

Zielgruppe

Studierende der Politischen Wissenschaften, Geschichte und Wirtschaftswissenschaften

Voraussetzungen:

- Diplomvorprüfung, Zwischenprüfung bzw. Nachweis eines entsprechenden Studienniveaus (Hauptseminaraufnahme)
- Gute Grundkenntnisse in Französisch

Zweck

Förderung eines Studien- oder Forschungsaufenthalts bei frankreichbezogenen Arbeitsthemen sowie allgemeinem Interesse an der Fachdidaktik in Frankreich

---

Förderung

Programm:

- Sprachkurs am Hochschulort (ca. 3 Wochen)
- Studienaufenthalt an einer von vier französischen Universitäten (Politologen: Institut d'Etudes Politiques Paris und Universität Paris I – Panthéon; Historiker: Universität Bordeaux III und Aix-Marseille I; Wirtschaftswissenschaftler: Universitäten Paris I – Panthéon – und Paris IX – Dauphine –)

Dauer:

6 Monate (i. d. R. Oktober bis März)

Finanzierung:

- Monatliches Stipendium DM 1.035,–
- Reisekostenpauschale DM 280,–

Institution	Deutscher Akademischer Austauschdienst Kennedyallee 50 Postfach 20 04 04 5300 Bonn 2 Tel. (0228) 88 21
Stichwort	Dissertations-/Forschungsstipendien am Europäischen Hochschulinstitut Florenz
Zielgruppe	Hochschulabsolventen der Fachrichtungen Geschichte und Kulturgeschichte, Wirtschaftswissenschaften, Rechtswissenschaft, Politik- und Sozialwissenschaften Voraussetzung: gute Kenntnisse mindestens zweier Amtssprachen der EG
Zweck	Förderung von EG-bezogenen Dissertationen und Forschungsvorhaben
Förderung	Programm: Promotionsstudium oder Durchführung eines Forschungsprojekts am Europäischen Hochschulinstitut, Florenz Dauer: 1–3 Jahre Finanzierung: DAAD-Stipendium
Sonstiges	Bewerbungsunterlagen beim DAAD oder beim Europäischen Hochschulinstitut Florenz – Akademischer Dienst –, Europäisches Hochschulinstitut Badia Fiesolana, I-50016 San Domenico di Fiesole, (Florenz-Firenze)

Institution

Deutscher Akademischer Austauschdienst

Kennedyallee 50
Postfach 20 04 04
5300 Bonn 2
Tel. (0228) 88 21

Stichwort

Ecole Nationale d'Administration (ENA), Paris

Zielgruppe

Qualifizierte Nachwuchskräfte des höheren Dienstes (Juristen, Volks- und Betriebswirte, Politologen)

Voraussetzungen:

- Höchstalter 33 Jahre
- gute französische Sprachkenntnisse

Zweck

Fortbildung von Jung-Akademikern im öffentlichen Dienst an der französischen Verwaltungsschule

---

Förderung

Programm:

Fortbildung an der Ecole Nationale d'Administration (ENA), Paris in Verwaltungswissenschaften

Dauer:

13 Monate

Finanzierung:

Monatliches Stipendium nach Alter und Familienstand (ca. 3.300,– DM bis ca. 3.900,– DM)

Bei weiterlaufenden Inlandsbezügen für Angehörige des öffentlichen Dienstes entfällt der Grundbetrag, und nur der Auslandszuschlag als Ausgleich für entstehende Mehrkosten wird vom DAAD gezahlt. Bedingt durch Kursabweichungen kann sich die Stipendienrate ändern. Verheiratete Stipendiaten erhalten als Zulage für den nicht berufstätigen Ehepartner monatlich DM 400,–. Für die Hin- und Rückreise wird eine Pauschale von insgesamt DM 280,– gewährt. Außerdem schließt der DAAD für jeden Stipendiaten eine Zusatzkrankenversicherung ab.

Institution

Deutscher Akademischer Austauschdienst

Kennedyallee 50
Postfach 20 04 04
5300 Bonn 2
Tel. (0228) 88 21

Stichwort

ERASMUS-Aktionsprogramm der Europäischen Gemeinschaft zur Förderung der Mobilität von Hochschulstudenten

---

Zielgruppe

Hochschulstudenten aller Fachrichtungen i. d. R. nach dem ersten Hochschuljahr und Graduierte bis zur Promotion.

Förderungsfähig über das ERASMUS-Büro in Brüssel sind auch Dozenten aller Fachrichtungen

---

Zweck

Steigerung der Studentenmobilität in der Europäischen Gemeinschaft

---

Förderung

ERASMUS-Teilstipendien werden nur an Studierende und Graduierte vergeben, die im Rahmen eines Hochschulkooperationsprogramms einen anerkannten Teil ihres Studiums (3–12 Monate) an einer Hochschule eines anderen EG-Landes ableisten. Zuständig für die Beantragung ist der jeweilige Programmbeauftragte einer deutschen Hochschule.

Einzelbewerbungen von Studierenden beim DAAD oder die Bewerbung um ein Individualstipendium ist nicht möglich.

Ähnliches gilt für die Hochschuldozenten, die ebenfalls nur innerhalb von Hochschulkooperationsprogrammen förderungsfähig sind.

Institution

Deutscher Akademischer Austauschdienst

Kennedyallee 50
Postfach 20 04 04
5300 Bonn 2
Tel. (0228) 88 21

Stichwort

Ergänzungs- und Aufbaustudien sowie Forschungsaufenthalte

Zielgruppe

Absolventen von Universitäten, Technischen Hochschulen, Pädagogischen Hochschulen (nur: Diplom in Erziehungswissenschaften) und Fachhochschulen

Ggf. Studierende mit einzigem Abschlußziel Promotion

Zweck

Fortbildungsstudien an Hochschulen im Ausland; Vorbereitung einer Dissertation; Feldforschungen

---

Förderung

Programm:

Ergänzungs- und Aufbaustudium an Hochschule im Ausland

Dauer:

1 Jahr

Finanzierung:

- Monatliches Stipendium
- Reisekosten
- Ggf. Übernahme der Studiengebühren

Sonstiges

Bewerbung über Akademisches Auslandsamt bzw. Büro des FH-Präsidenten/-Rektors der zuletzt besuchten deutschen Hochschule

---

Institution Deutscher Akademischer Austauschdienst

Kennedyallee 50
Postfach 20 04 04
5300 Bonn 2
Tel. (0228) 88 21

Stichwort Fachkursstipendien Rechtswissenschaft / Musik

Zielgruppe

Studierende und Graduierte der Rechtswissenschaften
Studierende an Musikhochschulen

Voraussetzung:

- Jura: mind. 6. Semester
- Musik: mind. 3. Semester an staatlicher Musikhochschule in der Bundesrepublik oder Berlin (West)

Zweck Wissenschaftliche bzw. künstlerische Fortbildung

Förderung

Programme:

- Juristische Fachkurse in London, Den Haag und Leyden
- International anerkannte Musikkurse im europäischen Ausland

Dauer:

1–6 Wochen im Sommer

Finanzierung:

Teilstipendium

Sonstiges Bewerbung direkt beim DAAD, Referat 31.

Institution

Deutscher Akademischer Austauschdienst

Kennedyallee 50
Postfach 20 04 04
5300 Bonn 2
Tel. (0228) 88 21

Stichwort

Forschungsstipendien für Naturwissenschaftler, Ingenieurwissenschaftler und Mediziner (NATO)

Zielgruppe

Jüngere Wissenschaftler der Fachrichtung Reine und Angewandte Naturwissenschaften

Mediziner, die Fortbildung im Bereich der experimentellen Medizin anstreben (medical sciences)

Voraussetzungen:

- überdurchschnittliche wissenschaftliche Qualifikation
- Abschluß der Promotion vor Stipendienantritt
- deutsche Staatsangehörigkeit

Zweck

Förderung der wissenschaftlichen Zusammenarbeit innerhalb der NATO

Förderung

Programm:

Studium an Gastinstitut in einem NATO-Mitgliedsland aufgrund persönlicher Kontakte des Bewerbers

Dauer:

6 Monate bis 1 Jahr (Verlängerung in Ausnahmefällen)

Finanzierung:

- Stipendium entsprechend Lebensalter (2.250,– DM bis 2.550,– DM monatlich)
- Zuschlag für nicht berufstätigen Ehepartner 400,– DM
- Auslandszuschlag nach Familienstand, Kinderzahl und Gastland

---

Institution	Deutscher Akademischer Austauschdienst Kennedyallee 50 Postfach 20 04 04 5300 Bonn 2 Tel. (0228) 88 21
Stichwort	Integriertes Auslandsstudium (IAS)
Zielgruppe	Studierende an Hochschulen und Fachhochschulen Voraussetzung: Diplomvorprüfung bzw. Zwischenprüfung
Zweck	Auslandsstudium als Bestandteil des Fachstudiums im Rahmen von bilateralen Vereinbarungen zwischen Hochschulen, Fachbereichen oder Lehrstühlen; Voraussetzung: Einrichtung eines IAS Programms durch einen Hochschullehrer
Förderung	DAAD-Zuschuß: – Reise- und Studienkosten – Anteil der Lebenshaltungskosten
Sonstiges	Vergleiche auch Kapitel 1.1 im Anhang

Institution Deutscher Akademischer Austauschdienst

Kennedyallee 50
Postfach 20 04 04
5300 Bonn 2
Tel. (0228) 88 21

Stichwort John F. Kennedy-Gedächtnis-Stipendien (Harvard)

Zielgruppe Promovierte und Habilitanden aus den Fachgebieten Politische Wissenschaft, Zeitgeschichte, Öffentliches Recht, Wirtschafts- und Sozialwissenschaften und Public Policy

---

Zweck Internationale wissenschaftliche Zusammenarbeit

Förderung Programm:

Studium an der Harvard University, Cambridge, Massachusetts im Rahmen von Forschungsvorhaben, die einen solchen Aufenthalt erfordern

Dauer:

10–12 Monate

Finanzierung:

- Stipendium $ 30.000,–
- Kindergeld
- Übernahme der Hin- und Rückreise-Kosten und Versicherungen durch den DAAD

Sonstiges Bewerbung beim DAAD bis 1. Januar für den darauffolgenden September

---

Institution Deutscher Akademischer Austauschdienst

Kennedyallee 50
Postfach 20 04 04
5300 Bonn 2
Tel. (0228) 88 21

Stichwort Jura in Genf und Lausanne

Zielgruppe Studierende der Rechtswissenschaften

Voraussetzung (i. d. R.):

- Abitur-Notendurchschnitt besser als „2,5" in Genf, mindestens „3" in Lausanne
- frz. Sprachkenntnisse
- Bewerber müssen sich im 2. oder 3. Semester befinden

Zweck Erweiterung rechtswissenschaftlicher Kenntnisse

Förderung Programm:

Jurastudium an den Universitäten Genf oder Lausanne mit Vorlesungen und Übungen in deutschem Recht

Dauer:

1 Studienjahr

Finanzierung:

- DAAD-Jahresstipendium

Sonstiges Bewerbungsfrist jährlich zum 31. Oktober

Institution Deutscher Akademischer Austauschdienst

Kennedyallee 50
Postfach 20 04 04
5300 Bonn 2
Tel. (0228) 88 21

Stichwort Kurzfristige Studienaufenthalte / Dissertationsvorhaben

---

Zielgruppe Jungakademiker mit Abschlußexamen einer deutschen Universität, Technischen Hochschule, Pädagogischen Hochschule (Diplom in Erziehungswissenschaften)

Studierende mit einzigem Abschlußziel Promotion unter bestimmten Voraussetzungen (Semesterzahl)

Zweck Materialsammlung für Dissertationen im Ausland

Förderung Programm:

Materialsammlung für Dissertationsvorhaben (in ausländischen Universitätsinstituten, Bibliotheken usw., Laboratoriumsarbeiten, Feldarbeit)

Dauer:

2–6 Monate

Finanzierung:

- Monatliches Stipendium
- Übernahme der Reisekosten oder Reisekostenpauschale

Sonstiges Bewerbung über Akademische Auslandsämter

Institution Deutscher Akademischer Austauschdienst

Kennedyallee 50
Postfach 20 04 04
5300 Bonn 2
Tel. (0228) 88 21

Stichwort Lektoren ins Ausland

Zielgruppe Geisteswissenschaftler mit abgeschlossenem Examen

Voraussetzungen:

- i. d. R. Germanistik im Haupt- oder Nebenfach
- i. d. R. pädagogische Erfahrungen im Bereich Deutsch als Fremdsprache
- deutsche Staatsangehörigkeit
- Studium hauptsächlich im deutschen Sprachraum
- Altershöchstgrenze 35 (Europa) bzw. 40 Jahre (Übersee)

Zweck Vermittlung von Lektoren der deutschen Sprache und Literatur an ausländische Hochschulen

---

Förderung Programm:

Lehrtätigkeit an Gasthochschule im Ausland

Dauer:

1–5 Jahre

Finanzierung:

- Dienstbezüge an ausländischer Hochschule
- Ausgleichszulage vom DAAD
- Ggf. Überbrückungshilfe (max. 3 Monate) nach Ende der Lehrtätigkeit

---

Sonstiges Ausschreibungen für freiwerdende Lektorate sind u. a. an den Akad. Auslandsämtern erhältlich.

Institution Deutscher Akademischer Austauschdienst

Kennedyallee 50
Postfach 20 04 04
5300 Bonn 2
Tel. (0228) 88 21

Stichwort Musik, Bildende Künste, Design

Zielgruppe Studierende der Fachbereiche Musik, Bildende Künste, Design

Voraussetzung:

besondere Qualifizierung in einem mehrjährigen Studium

Zweck Künstlerische Weiterbildung im europäischen Ausland

Förderung Programm:

- Studium an Hochschule im europäischen Ausland

Dauer:

1 Studienjahr bzw. 12 Monate

Finanzierung:

- Monatliches Stipendium
- Reisekostenpauschale
- Übernahme der Studiengebühren

Sonstiges Bewerbungen über das Sekretariat der zuletzt besuchten deutschen Hochschule

---

Institution Deutscher Akademischer Austauschdienst

Kennedyallee 50
Postfach 20 04 04
5300 Bonn 2
Tel. (0228) 88 21

Stichwort Ostasiatische Sprachen

Zielgruppe Jüngere Akademiker aller Fachrichtungen (bevorzugt: Naturwissenschaften, technische Wissenschaften, Wirtschafts- und Verwaltungswissenschaften)

Voraussetzungen:

- Kenntnisse ostasiatischer Sprachen
- Hochschulexamen nicht länger als 2 Jahre zurückliegend

Zweck Förderung bereits vorhandener Kenntnisse insbesondere der chinesischen und japanischen Sprache

---

Förderung Programm:

Sprachstudium im Gastland

Dauer:

i. d. R. 12 Monate

Finanzierung:

- Monatliches Stipendium zur Deckung der Lebenshaltungskosten
- Übernahme der Reisekosten und Studiengebühren
- Ggf. Stipendium für kurzfristigen Intensivsprachkurs

Sonstiges Bewerbung über Akademisches Auslandsamt bzw. Büro des FH-Rektors/Präsidenten der zuletzt besuchten deutschen Hochschule

---

Institution

Deutscher Akademischer Austauschdienst

Kennedyallee 50
Postfach 20 04 04
5300 Bonn 2
Tel. (0228) 88 21

Stichwort

Ostasiatische Sprachen (als Hauptfach)

Zielgruppe

Studierende der Japanologie, Sinologie, Koreanistik

Studierende südostasiatischer Sprachen (in Ausnahmefällen)

Voraussetzungen:

- Hauptfach
- 5.–7. Fachsemester
- Ggf. Zwischenprüfung
- angemessene Sprachkenntnisse

Zweck

Fortsetzung des Sprachstudiums an Hochschule oder anerkannten Sprachenschule des Gastlandes

---

Förderung

Programm:

Sprachstudium an Gasthochschule nach Wahl des Stipendiaten (Vorbehaltsklausel)

Dauer:

1 Studienjahr oder 12 Monate

Finanzierung:

- Stipendium
- Übernahme der Reisekosten
- Übernahme der Studiengebühren

Sonstiges

Bewerbungen über das Akademische Auslandsamt der zuletzt besuchten deutschen Hochschule

---

Institution Deutscher Akademischer Austauschdienst

Kennedyallee 50
Postfach 20 04 04
5300 Bonn 2
Tel. (0228) 88 21

Stichwort Romanisten nach Frankreich

Zielgruppe Studierende der Romanistik an Universitäten und Pädagogischen Hochschulen

Voraussetzungen (i. d. R.:)

- 4. oder 5. Fachsemester
- Zwischenprüfung

Zweck Sprachliche, literarische und landeskundliche Fortbildung von Romanistik-Studenten

---

Förderung Programm:

- Intensiver Sprachkurs (4 Wochen)
- Gelenkter Studienaufenthalt an ausgewählten französischen Universitäten (12 Wochenstunden, ggf. Seminararbeit)

Dauer:

6 Monate

Finanzierung:

- Monatliches Teilstipendium (DM 535,–)
- Reisekostenpauschale

Sonstiges Bewerbungen über das Akademische Auslandsamt der zuletzt besuchten deutschen Hochschule oder Sekretariat der Pädagogischen Hochschule

---

Institution Deutscher Akademischer Austauschdienst

Kennedyallee 50
Postfach 20 04 04
5300 Bonn 2
Tel. (0228) 88 21

Stichwort Sommersprachkursstipendien

Zielgruppe Studierende mittlerer und höherer Semester

Voraussetzung:

- Mind. 3 Semester Fachstudium
- gute Grundkenntnisse der betreffenden Sprache

Zweck Vertiefung vorhandener Grundkenntnisse in einer europäischen Fremdsprache (außer Englisch und Französisch; einschl. Türkisch)

Förderung Programm:

Sommersprachkurs im europäischen Ausland

Dauer:

3–4 Wochen

Finanzierung:

Teilstipendium (einmalige Zahlung)

Sonstiges Bewerbungen über Akademisches Auslandsamt bzw. Büro des FH-Rektors/Präsidenten der zuletzt besuchten deutschen Hochschule

---

Institution Deutscher Akademischer Austauschdienst

Kennedyallee 50
Postfach 20 04 04
5300 Bonn 2
Tel. (0228) 88 21

Stichwort Stipendien der australischen Regierung / Australian European Awards Program

---

Zielgruppe Bewerber mit abgeschlossenem Hochschulstudium

Voraussetzungen:

- Altershöchstgrenze 28 Jahre
- Sehr gute Englischkenntnisse

Zweck Post-Graduierte Forschung oder Fortbildung in Australien

---

Förderung Programm:

Studien- bzw. Forschungsaufenthalt in Australien

Dauer:

1 akademisches Jahr (1.3. bis 30.11.)

Finanzierung:

- Unterhaltsbeihilfe (4200 austr. Dollar pro Jahr in 2-Wochen-Raten)
- ggf. Verheiratetenzuschlag und Kinderzuschlag (1630/390 austr. Dollar)
- Startbeihilfe (162 austr. Dollar)
- Reisekosten (nicht für Angehörige)
- Sämtliche Gebühren

Sonstiges Die endgültige Entscheidung über die Stipendienvergabe wird von der australischen Regierung getroffen.
Bewerbungsunterlagen beim DAAD
Bewerbung bis 31. 5.

Institution	Deutscher Akademischer Austauschdienst Kennedyallee 50 Postfach 20 04 04 5300 Bonn 2 Tel. (0228) 88 21
Stichwort	Stipendien der kanadischen Regierung
Zielgruppe	Studierende, Graduierte, Promovierte Voraussetzung: – Diplomhauptprüfung bzw. Nachweis eines achtsemestrigen Hochschulstudiums – Nachweis der Arbeit an kanadabezogenem Forschungsthema oder sonstigem wesentlichen Grund für Notwendigkeit eines Aufenthalts in Kanada
Zweck	Post-Graduierte Forschung oder Fortbildung in Kanada
Förderung	Einzelheiten über DAAD
Sonstiges	Die endgültige Entscheidung über die Stipendienvergabe wird von der kanadischen Regierung getroffen. Bewerbung bis 15. 12.

Institution

Deutscher Akademischer Austauschdienst

Kennedyallee 50
Postfach 20 04 04
5300 Bonn 2
Tel. (0228) 88 21

Stichwort

Theologie-Stipendien Jerusalem

Zielgruppe

Studierende der Theologie

Voraussetzungen:

- Diplomvorprüfung bzw. Zwischenprüfung
- 5. Fachsemester
- gute Sprachkenntnisse in Biblischem Hebräisch, Griechisch und Englisch

---

Zweck

Förderung eines Studienjahres in Jerusalem für Theologie-Studenten

---

Förderung

Programm:

Studium an der Theologischen Fakultät der Dormition Abbey in Jerusalem; Studienschwerpunkte vom Studienort bedingt (Judaistik, Islamistik, archäologische und topographische Vorlesungen u. a.)

Finanzierung:

- Teilstipendium (mtl. DM 781,–)
- Reisekostenpauschale, Studiengebühren

Sonstiges

Bewerbungen direkt an die Theologische Fakultät in Jerusalem (Dormition Abbey, P.O.B. 22, 91000 Jerusalem, Israel) bis zum 15. November eines jeden Jahres

---

Institution Deutscher Akademischer Austauschdienst

Kennedyallee 50
Postfach 20 04 04
5300 Bonn 2
Tel. (0228) 88 21

Stichwort Wissenschaftliche Lehrkräfte ins Ausland

Zielgruppe Wissenschaftler aller Fachrichtungen

Voraussetzungen:

- deutsche Staatsangehörigkeit
- abgeschlossenes Studium
- Lehrerfahrung an deutscher Hochschule
- Kenntnisse der Unterrichtssprache des Gastlandes

Zweck Vermittlung einer Lehrtätigkeit an ausländischer Hochschule für deutsche Wissenschaftler

---

Förderung Programme/Dauer:

- Kurzzeit-Dozentur (1–3 Monate)
- Langzeit-Dozentur (1–5 Jahre)

Finanzierung:

- Dienstbezüge an ausländischer Hochschule
- DAAD-Zuschüsse
- Wiedereingliederungsbeihilfe nach der Rückkehr (3 Monate)
- bei Kurzzeit-Dozentur in der Regel weiterlaufende Bezüge in Deutschland; ggf. Reisekosten- und Aufenthaltskostenzuschüsse

Sonstiges Auskünfte über freie Dozenturen durch den DAAD, Vermittlungsstelle für deutsche Wissenschaftler im Ausland, Kennedyallee 50, 5300 Bonn 2.

Institution Deutscher Bauernverband e. V.

Godesberger Allee 142–148
Postfach 20 04 54
5300 Bonn 2
Tel. (0228) 81 98-2 99

Stichwort Allgemeine Austauschprogramme

Zielgruppe Ausgebildete junge Landwirte, Gärtner, Hauswirtschafterinnen

Studenten mit Praxis

18–30 Jahre

Zweck Internationaler landwirtschaftlicher Praktikantenaustausch (Belgien, Dänemark, Frankreich, Finnland, Großbritannien, Niederlande, Norwegen, Schweden, Schweiz, Österreich)

Förderung Programm/Dauer:

- Praktikum 3–12 Monate

Finanzierung:

Unterkunft, Verpflegung, Taschengeld
Pauschalzuschuß, Zusatzversicherung

Institution

Deutscher Bauernverband e. V.

Godesberger Allee 142–148
Postfach 20 04 54
5300 Bonn 2
Tel. (0228) 81 98-2 99

Stichwort

EG-Programme

Zielgruppe

Landwirte, Gärtner, Hauswirtschafterinnen mit abgeschlossener Ausbildung

Mindestens 1 Jahr Berufspraxis, keine Studenten

18–28 Jahre

Zweck

Erwerb von Sprachkenntnissen u. Berufserfahrungen

Förderung

Programm/Dauer:

4 Wochen Sprachkurs
4 Monate Praktikum

Finanzierung:

Unterkunft, Verpflegung u. Sprachkurskosten
Zusatzversicherung, Taschengeld

Sonstiges

Bewerbung spätestens 3 Monate vor Programmbeginn

Institution	Deutscher Bauernverband e. V. Godesberger Allee 142–148 Postfach 20 04 54 5300 Bonn 2 Tel. (0228) 81 98-2 99
Stichwort	Japan-Programm (Kokusai Noyukai, Japan – Tokio)
Zielgruppe	Landwirte und Gärtner mit abgeschlossener Berufsausbildung, 19–30 Jahre
Zweck	Internationale Berufserfahrung, Landeskenntnis
Förderung	Programm/Dauer: Einweisungsseminar, Praktiken, Informationsreise (ca. 9 Monate, April–Dezember) Finanzierung: Unterkunft, Verpflegung, Taschengeld, Reisekostenzuschuß, Zusatzversicherung
Sonstiges	Bewerbung bis Oktober des Vorjahres, Auswahlsitzung im November

Institution

Deutscher Bauernverband e. V.

Godesberger Allee 142–148
Postfach 20 04 54
5300 Bonn 2
Tel. (0228) 81 98-2 99

Stichwort

USA-/Australien-Programm
(Future Farmers of America und Future Farmers of Australia)

Zielgruppe

Ausgebildete junge Landwirte, ländliche Hauswirtschafterinnen
Studenten mit Praxis
18–24 Jahre

Zweck

Berufliche Weiterbildung

Förderung

Programm/Dauer:
- Vorbereitungsseminar, Praktikum 5 Monate in den USA; anschließend 3–7 Monate in Australien

Finanzierung:
- Unterkunft, Verpflegung, Taschengeld
- Reisekostenzuschuß
- Eigenmittel

Sonstiges

Bewerbung spätestens 5 Monate vor Programmbeginn (01. 04. oder 01. 07.; Gärtner nur 01. 04.)

Institution

Deutscher Bauernverband e. V.

Godesberger Allee 142–148
Postfach 20 04 54
5300 Bonn 2
Tel. (0228) 81 98-2 99

Stichwort

Übersee-Programm (Australien, Kanada, Neuseeland, USA)

(International Agricultural Exchange Association)

Zielgruppe

Personen, die abgeschlossene Ausbildung haben oder weiterführenden Bildungsweg in Landwirtschaft, ländlicher Hauswirtschaft bzw. Gartenbau aufnehmen wollen u. dabei mind. ein Jahr Praxis aufweisen.

19–28 Jahre

Zweck

Internationale Berufserfahrungen

Förderung

Programm/Dauer:

Vorbereitungsseminar, Praktika 6–13 Monate; Beginn unterschiedlich je nach Land.

Finanzierung:

- Fahrkostenzuschuß, Taschengeld
  Unterkunft, Verpflegung
- Eigenmittel

Sonstiges

Bewerbung spätestens 6 Monate vor Programmbeginn

Spezial-Programm anfordern

Institution	Deutscher Bauernverband e. V. Godesberger Allee 142–148 Postfach 20 04 54 5300 Bonn 2 Tel. (0228) 81 98-2 99
Stichwort	USA-Programm (Future Farmers of America „FFA"-Washington)
Zielgruppe	Ausgebildete junge Landwirte, Gärtner Hauswirtschafterinnen Studenten mit Praxis 18–24 Jahre
Zweck	Berufliche Weiterbildung
Förderung	Programm/Dauer: Vorbereitungsseminar, Praktikum (3–12 Monate) Finanzierung: Unterkunft, Verpflegung, Taschengeld Reisekostenzuschuß Eigenmittel
Sonstiges	Bewerbung spätestens 4 Monate vor Programmbeginn (1.4. oder 1.7., Gärtner nur 1.4.)

Institution Deutscher Bauernverband e. V.

Godesberger Allee 142–148
Postfach 20 04 54
5300 Bonn 2
Tel. (0228) 81 98-2 99

Stichwort Ungarn-Programm
T.O.T.-Budapest

Zielgruppe Abgeschlossene Lehre in der Landwirtschaft und im Gartenbau

---

Zweck Weiterbildung, Berufserfahrungen

Förderung Programm/Dauer:

- Einweisungsseminar,
- Praktika – 3–12 Monate

Finanzierung:

- Unterkunft, Verpflegung, Taschengeld,
- Pauschalzuschuß, Zusatzversicherung

Institution Deutscher Bundestag

Verwaltung
Referat Internationale Austauschprogramme (PB 4)
Bundeshaus
5300 Bonn 1
Tel. (0228) 16 93 36

Stichwort Parlamentarisches Patenschaftsprogramm (PPP)

Zielgruppe Nach Eignung und Leistung ausgewählte deutsche Schüler und junge Berufstätige

---

Zweck Förderung des deutsch-amerikanischen Jugendaustausches

Förderung Programm/Dauer:

1jähriger Aufenthalt in USA bei Unterbringung in Familien und Besuch einer High School; für Berufstätige Besuch eines Community College (von den Gemeinden unterhaltene Fachschule) mit Betriebspraktikum. Deutsche und amerikanische Parlamentarier übernehmen Patenschaften.

Finanzierung:

Stipendium (vom Deutschen Bundestag und vom Kongreß der Vereinigten Staaten)

Sonstiges Auskünfte über das PPP

- erteilt der Dt. Bundestag;
- erteilt für junge Berufstätige außerdem die Carl Duisberg Gesellschaft.

Institution

Deutscher Entwicklungsdienst (DED)
Gemeinnützige GmbH

Kladower Damm 299
Postfach 22 00 35
1000 Berlin 22
Tel. (030) 3 65 09-0

Stichwort

Entwicklungshelfer

Zielgruppe

Fachkräfte aus verschiedenen Bereichen

Voraussetzungen:

- Mindestalter 18 Jahre
- deutsche Staatsangehörigkeit
- abgeschlossene Berufsausbildung
- in der Regel 2-jährige Berufserfahrung
- persönliche und gesundheitliche Eignung

Zweck

- Entsendung qualifizierter und engagierter Fachkräfte in Entwicklungsvorhaben einheimischer Organisationen in der Dritten Welt
- Förderung einheimischer Dienste
- Betreuung des Europäischen Freiwilligenprogramms (EFP)

Förderung

Programm:

Mitarbeit als Entwicklungshelfer in technisch-handwerklichen und landwirtschaftlichen Programmen sowie im Gesundheitswesen, an Schulen und Hochschulen, in der Gemeinwesen- und Sozialarbeit sowie in Handel, Kleingewerbeförderung und Verwaltung.

Dauer:

mindestens 2 Jahre

Leistungen:
- gleiches Unterhaltsgeld für alle Entwicklungshelfer
- soziale Sicherung
- Wiedereingliederungsbeihilfe

Sonstiges

Fünf- bis sechsmonatiger Vorbereitungskurs: Sprache und Landeskunde

Näheres bei obiger Adresse

Institution

Deutscher Rat der Europäischen Bewegung
Generalsekretariat

Bachstraße 32
Postfach 15 29
5300 Bonn 1
Tel. (0228) 7 29 00 60

Stichwort

Brügge-Stipendien

Zielgruppe

Akademiker mit abgeschlossener Hochschulausbildung (mind. 8 Semester oder gleichwertigem Abschluß) möglichst auf dem Gebiet des Rechts, der Volkswirtschaft, der Öffentlichen Verwaltung oder der Politischen Wissenschaft sowie – ausnahmsweise – auf anderen verwandten Studiengebieten

---

Zweck

Ergänzung der wissenschaftlichen Ausbildung in internationalen und europäischen Fragen

---

Förderung

Programm:

Studium am Europa-Kolleg, Brügge (Recht, Volkswirtschaft, öffentliche Verwaltung, Wahlfächer); Abschluß: Diplôme de Hautes Etudes Européennes

Dauer:

1 Studienjahr (September - Mai)

Die Stipendien umfassen:

- die Studiengebühren
- die Kosten für Unterkunft und Verpflegung
- Übernahme der Reisekosten
- Taschengeld, Bücherzuschuß

Sonstiges

Bewerbungsschluß: 15. März jeden Jahres

Institution Deutsches YOUTH FOR UNDERSTANDING Komitee e. V.

Averhoffstraße 10
2000 Hamburg 76
Tel. (040) 22 70 02-0

Stichwort Jugendaustausch

Zielgruppe Jugendliche zwischen 15 und 18 Jahren

Zweck Internationaler Jugendaustausch

Förderung

Programm:

Leben in einer Gastgeberfamilie und Besuch einer allgemeinbildenden Schule im Gastland; Länder: USA, Australien, Benelux, Frankreich, Spanien, Schweiz, Finnland, Norwegen, Dänemark, Schweden, Neuseeland, Japan, Griechenland, Portugal, Schottland, Argentinien, Brasilien, Chile, Venezuela, Mexiko, Uruguay, Polen und Ungarn.

Dauer:

1 Jahr, z. T. Kurzprogramme

Finanzierung:

- Eigenbeitrag
- Teilstipendium

Institution

Dienste in Übersee
Arbeitsgemeinschaft evangelischer Kirchen in Deutschland e. V.

Gerokstraße 17
7000 Stuttgart 1
Tel. (0711) 21 05 00

Stichwort

Entwicklungshelfer, Kirchlicher Entwicklungsdienst

Zielgruppe

Qualifizierte Fachkräfte aus verschiedenen Bereichen (je nach Anforderung aus Übersee)

Voraussetzungen:

- abgeschlossene Berufsausbildung und Berufserfahrung
- Mindestalter 25 Jahre, Tropentauglichkeit
- christliche Grundhaltung

Zweck

Vermittlung von Entwicklungshelfern (Afrika, Asien, Lateinamerika) an kirchliche und gemeinnützige Projektträger. Entwicklungsbezogene Bildungsarbeit im Inland (Rückkehrer).

Förderung

Vorbereitung:

- Vorbereitungskurs 2–3 Wochen
- Sprachkurs in England, Frankreich, Spanien oder Portugal
- ggf. berufsbezogene Kurse oder Praktika (z. B. Tropenmedizin, Tropenlandwirtschaft)

Dauer d. Vorbereitung:

4–6 Monate

Vertragsdauer in Übersee:

3 Jahre (Verlängerung möglich)

Leistungen:

- angemessene Vergütung, soziale Sicherung
- Verheiratete reisen mit Familie aus

Institution

Eidgenössische Stipendienkommission für ausländische Studierende

Route du Jura 1
CH-1700 Fribourg
Tel. (004337) 26 41 24

Stichwort

Europaratstipendien

Zielgruppe

Bewerber mit Hochschulabschluß

Voraussetzungen:

- ausgezeichnete Qualifizierung
- Alter unter 35 Jahren
- sehr gute Kenntnisse der jeweiligen Unterrichtssprache der schweizerischen Universität

---

Zweck

Wissenschaftliche Weiterbildung an schweizerischer Hochschule

---

Förderung

Programm:

Studium an schweizerischer Universität oder Technischen Hochschule

Dauer:

1 Studienjahr (15. Oktober – 15. Juli)

Finanzierung:

Monatliches Stipendium 1.350,– sfr

Sonstiges

Anforderung von Bewerbungsunterlagen ab 1. September jedes Jahres beim Sekretariat der Eidgenössischen Stipendienkommission.

Institution

Eirene – Internationaler Christlicher Friedensdienst e. V.

Engerser Straße 74 b
5450 Neuwied 1
Tel. (02631) 2 20 11

Stichwort

Entwicklungsdienst

Zielgruppe

Personen mit abgeschlossener Berufsausbildung und Berufserfahrung

Voraussetzungen:

- Mindestalter 21 Jahre
- Fremdsprachenkenntnisse
- Bisheriges Engagement in sozialen bzw. „Dritte Welt"-Bereichen u. ä.

Zweck

Entsendung von Entwicklungshelfern nach Übersee

Förderung

Programm:

Einsatz bei Entwicklungsprojekten in Übersee, vorwiegend im landwirtschaftlichen und handwerklichen Bereich

Dauer:

3 Jahre

Finanzierung:

- Unterkunft
- Unterhaltsgeld (500,– – 800,– DM monatlich)
- Soziale Sicherung
- Wiedereingliederungsbeihilfe

Sonstiges

Ersatzdienstleistende sind willkommen

Institution

Eirene – Internationaler Christlicher Friedensdienst e. V.

Engerser Straße 74 b
5450 Neuwied 1
Tel. (02631) 2 20 11

Stichwort

Freiwilligendienst und Zivildienst

Zielgruppe

Voraussetzungen:
- Mindestalter 20 Jahre
- Fremdsprachenkenntnisse
- soziales Engagement

Zweck

Entsendung von Freiwilligen und Zivildienstleistenden in europäische Länder und die USA

Förderung

Programm:

Einsatz in sozialen und gesellschaftspolitisch motivierten Projekten unterschiedlicher Art

Dauer:

12–22 Monate

Finanzierung:
- Freie Unterkunft und Verpflegung
- Taschengeld
- Kranken-, Unfall- und Haftpflichtversicherungsbeiträge

Sonstiges

Hilfe bei der Suche nach Unterstützungsgruppe (Nähere Informationen bei Eirene)

Die Freiwilligen bauen sich einen „Unterstützungskreis" auf, der durchschnittlich DM 250,– pro Monat aufbringt (Nähere Informationen bei EIRENE).

Institution	The Experiment in International Living Deutsche Sektion: EXPERIMENT e. V. Ubierstraße 30 5300 Bonn 2 Tel. (0228) 35 82 42
Stichwort	Interkulturelle Begegnungen
Zielgruppe	Schüler Studenten Lehrer Sonstige
Zweck	Völkerverständigung Vermittlung von Fremdsprachenkenntnissen Berufsspezifische Auslandserfahrung
Förderung	Programme: – Individuelle Familienaufenthalte (Homestay Programs) – Intensivsprachkurse – Studienreisen Dauer: 2 Wochen – 3 Monate Finanzierung: – Eigenbeitrag – vereinzelt staatliche Unterstützung

Institution

Fachhochschule des Saarlandes
(Deutsch-Französisches Hochschulinstitut für Technik und Wirtschaft – DFHI)

Goebenstraße 40
6600 Saarbrücken
Tel. (0681) 58 67-1 98

Stichwort

Sonderprogramm DFHI

Zielgruppe

Studierende des Bauingenieurwesens, des Maschinenbaus, der Elektrotechnik, Betriebswirtschaft, der Informatik (künstliche Intelligenz)

Voraussetzungen:

- erfolgreiches 2-jähriges Studium an Fachhochschule
- fachbezogenes Praktikum (mind. 26 Wochen)
- ausbaufähige Französischkenntnisse

Zweck

Binationale deutsch-französische Hochschulausbildung in o. a. Disziplinen (Vorbereitung auf Berufstätigkeit in beiden Ländern)

Förderung

Programm/Dauer:

- Sprachkurs mehrwöchig (studienbegleitend danach)
- Studium an Fachhochschule des Saarlandes in deutscher Sprache (1. Jahr)
- Studium an der Université de Metz bzw. Nancy in französischer Sprache (2. Jahr)

Sonstiges

Nähere Informationen über o. a. Anschrift

Institution

Fogarty International Center der National Institutes of Health (NIH)

Bethesda, Maryland 20205
U.S.A.

Stichwort

Stipendien für Forschungsaufenthalte in den USA

Zielgruppe

Hochqualifizierte Biowissenschaftler mit abgeschlossener Promotion

---

Zweck

Förderung von Forschungsaufenthalten deutscher Biowissenschaftler in den USA

Förderung

Forschungsstipendien für die Dauer von 12 oder 24 Monaten; Verlängerungen sind in begründeten Ausnahmefällen möglich.
Die Stipendienleistungen richten sich nach Alter, Berufserfahrung und Familienstand und betragen derzeit zwischen 20.000,– und 30.000,– USD jährlich (Stand 1990).
Zusätzlich können Beihilfen für Sachkosten, inneramerikanische Kongreßbesuche, Krankenversicherung etc. gewährt werden.

Sonstiges

Bewerbungen bis spätestens 15. April eines Jahres an die Deutsche Forschungsgemeinschaft, Referat WB 3l der Deutschen Forschungsgemeinschaft, Kennedyallee 40, 5300 Bonn 2, Tel. (0228) 885-2231 senden. Weitere Informationen sind dort erhältlich.

Institution Friedrich-Ebert-Stiftung

Abteilung Studienförderung
Godesberger Allee 149
5300 Bonn 2
Tel. (0228) 88 30

Stichwort Studienförderung

Zielgruppe Nur Stipendiaten der Stiftung

Voraussetzungen:

- besondere fachliche Qualifikation (z. B. überdurchschnittliche schulische bzw. Studienleistungen)
- gesellschaftspolitisches Engagement im Sinne der Stiftung

Zweck Studienaufenthalt (1–2 Semester) im Ausland im Rahmen der Studienförderung

---

Förderung Nähere Auskünfte bei der Stiftung

Sonstiges Der Studienabschluß muß i. d. R. an einer deutschen Hochschule erfolgen.

Institution	Friedrich-Naumann-Stiftung Abteilung Begabtenförderung Im Dol 2 1000 Berlin 33 Tel. (030) 8 31 50 71/72
Stichwort	Begabtenförderung
Zielgruppe	Stipendiaten der Stiftung, die seit mindestens 1 Jahr gefördert werden Bedingung: überdurchschnittliche Studienleistungen und liberales politisches Engagement
Zweck	Studienaufenthalt von 2 Semestern an ausländischer Hochschule
Förderung	Nähere Auskünfte bei obiger Adresse

Institution	The Friendship Connection c/o Manfred Peter Uferstraße 16 3501 Guxhagen Tel. (05665) 41 06
Stichwort	Schüleraustausch Deutschland – USA
Zielgruppe	Schüler im Alter von 15 bis 18 Jahren aus Hessen und Bad.-Württbg., vorzugsweise Gymnasiasten und Schülergruppen unter Leitung eines Englischlehrers
Zweck	Vermittlung von Fremdsprachenkenntnissen Erweiterung der kulturellen Erfahrung der USA auf regionalem Sektor (Ohio, West Pennsylvania, Michigan, Kentucky)
Förderung	Programm: Besuch der High School (Ganztagsschule) des jeweiligen amerikanischen Partners und Leben in seiner Familie – ähnliches Verfahren für den amerikanischen Gegenbesuch im Sommer Dauer: 4 Wochen (davon meist 1 Woche „spring holiday“ in den USA) Finanzierung: Eigenfinanzierung DM 1.550,– (ohne Taschengeld)
Sonstiges	Anmeldeschluß ist Ende November, Anfang Dezember des Vorjahres; bei Storno werden Rücktrittsgebühren erhoben.

Sonstiges

Leitung des Programms:

The Friendship Connection, Inc.
c/o Roland Winzer
1525 Winckell Drive
Hudson, Ohio 44236, USA
Tel. (001) 2 16-6 50-48 52

Institution

Fritz Thyssen Stiftung

Postfach 18 03 46
Am Römerturm 3
5000 Köln 1
Tel. (0221) 23 44 71

Stichwort

Forschungsstipendien

Zielgruppe

Bereits graduierte Nachwuchswissenschaftler

Zweck

Unmittelbare Förderung der Wissenschaft an wissenschaftlichen Hochschulen und Forschungsstätten vornehmlich in Deutschland / Internationale wissenschaftliche Zusammenarbeit

---

Förderung

Programm:

Forschungsvorhaben in den von der Stiftung ausgewählten Förderbereichen, die zugleich der Aus- und Fortbildung dienen können

Dauer:

i. d. R. bis 1 Jahr

Finanzierung:

- Grundbetrag plus Auslandszuschlag
- Zuschuß zur freiwilligen Krankenversicherung
- Nebenleistungen
- Bei Kurzreisen werden ebenfalls Auslandszuschläge (Tagessätze) gewährt

---

Sonstiges

Stipendium ist nach Familienstand und Altersgruppe gestaffelt

---

Institution Fulbright-Gesellschaft e. V.
German-American Cultural Exchange

Frankstraße 26
5000 Köln 1
Tel. (0221) 21 40 91

Stichwort High School Besuch USA

Zielgruppe Schüler/innen der Jahrgangsstufe 11

Voraussetzungen:
- Alter bis 17 Jahre
- solide schulische Leistungen

Zweck Austausch

Förderung Programm:

Austausch mit Unterbringung in amerikanischen Familien und Besuch einer High School

Dauer:

3 oder 9 Monate

Finanzierung:

Eigenmittel der Teilnehmer

3 Monate: DM 2.930,–
9 Monate: DM 6.950,–

Institution

Fulbright-Kommission
Studenten- und Dozentenaustausch

Theaterplatz 1 A
Postfach 20 05 55
5300 Bonn 2
Tel. (0228) 36 10 21-2-3

Stichwort

Fachstudium USA

Zielgruppe

Studierende und Graduierte an Hoch-, Fach- und Gesamthochschulen

Voraussetzungen:

- Höchstalter 35 Jahre
- deutsche Staatsangehörigkeit
- Abitur oder gleichwertiges Reifezeugnis
- 4 Semester an einer Universität
- 2 Gutachten von Hochschullehrern
- gute englische Sprachkenntnisse

Zweck

Fortsetzung, Ergänzung oder Erweiterung des Fachstudiums an amerikanischer Hochschule

---

Förderung

Programm:
Studium als vollimmatrikulierte(r) Student(in)

Dauer:
1 Studienjahr (9–10 Monate ab August/September)

Finanzierung durch Voll- oder Teilstipendien:

- Übernahme der Reisekosten und Studiengebühren (Voll- und Teilstipendien)
- Bei Vollstipendien: Unterhaltsstipendium oder Vergütung für Teilzeit-Assistentenstelle
- Ggf. Verheiratetenzuschlag bis 100 $ monatlich
- Bei Teilstipendien: Eigenbeitrag mind. 7000,– DM pro Studienjahr (ggf. aus BAföG)

Sonstiges	Bewerbungen über Akademische Auslandsämter Mitte April bis Mitte Juni jeden Jahres Möglichkeit der Verlängerung des USA-Studienaufenthalts (nicht Stipendiums) bis zu 3 Jahren

Institution The German Marshall Fund of the United States

Kaiserstraße 1c
5300 Bonn 1
Tel. (0228) 21 00 41

Stichwort „Research Fellowships for USA“

Forschungsstipendien für jüngere deutsche Wissenschaftler auf den Gebieten amerikanischer Politik, Wirtschaftswissenschaften, Geschichte oder Gesellschaftswissenschaften

---

Zielgruppe Fortgeschrittene Doktoranden, Nachwuchswissenschaftler, und -forscher

---

Zweck Die Durchführung von Forschungsprojekten zu ermöglichen

---

Förderung Dauer:

bis zu 6 Monaten

Finanzierung:

Stipendium bis zu 16.000,– DM

Sonstiges Alle Anträge sollen maschinenschriftlich in englischer Sprache eingereicht werden und sollen folgendes enthalten:

- „Bewerbungsbrief“, der folgendes umfaßt: (1) Beschreibung des Projekts und dessen Bedeutung, (2) Zweck und Dauer der Reise, (3) Einschätzung der Reisekosten und Angabe weiterer Förderungsarten
- Lebenslauf

- Zusammenfassung des Forschungsvorhabens und dokumentierten Termin/Forschungsplan. Zweck, Dauer und Kosten der Reise müssen begründet sein
- Referenzen von 2 ranghohen Wissenschaftlern verschiedener Institutionen
- Exemplar(e) von ein oder zwei Veröffentlichungen des Bewerbers.

Bewerbungsschluß: 30. November und 31. März

Institution The German Marshall Fund of the United States

Kaiserstraße 1c
5300 Bonn 1
Tel. (0228) 21 00 41

Stichwort „Travel Awards for Younger U.S.-Specialists"

Reisekostenzuschüsse für jüngere deutsche Experten auf den Gebieten amerikanischer Politik, Wirtschaftswissenschaften, Geschichte oder Gesellschaftswissenschaften

---

Zielgruppe Bewerber dürfen nicht älter als 35 Jahre sein

Zweck Studien- und Forschungsreisen nach den USA sollen ermöglicht werden

---

Förderung Finanzierung:

Stipendium bis zu 3.000,– DM

Sonstiges Alle Anträge sollen maschinenschriftlich in englischer Sprache eingereicht werden und sollen folgendes enthalten:

- „Bewerbungsbrief", der folgendes umfaßt: (1) Beschreibung des Projekts und dessen Bedeutung, (2) Zweck und Dauer der Reise, (3) Einschätzung der Reisekosten und Angabe weiterer Förderungsarten
- Lebenslauf
- Zusammenfassung des Forschungsvorhabens und dokumentierten Termin/Forschungsplan. Zweck, Dauer und Kosten der Reise müssen begründet sein

und/oder
Einladung vom Veranstalter, aus der die Rolle des Bewerbers hervorgeht

- Referenz von einem ranghohen Wissenschaftler.

Bewerbungsschluß: Anträge können jederzeit eingereicht werden.

Institution The German Marshall Fund of the United States

Kaiserstraße 1c
5300 Bonn 1
Tel. (0228) 21 00 41

Stichwort „Faculty Grants for Sabbatical Projects in the USA"

Zuwendungen für deutsche Professoren für Freisemesterprojekte

---

Zielgruppe Bewerber muß mindestens noch 10 Jahre Tätigkeit als Professor oder Forscher vor sich haben.

Zweck Forschungs- bzw. Freisemesterprojekte, die in den USA in Verbindung mit einer amerikanischen Institution durchgeführt werden, sollen gefördert werden.

Förderung Finanzierung:

- für 1 Semester bis zu 15.000,– DM
- für 2 Semester bis zu 25.000,– DM

Sonstiges Alle Anträge sollen maschinenschriftlich in englischer Sprache eingereicht werden und sollen folgendes enthalten:

- „Bewerbungsbrief", der folgendes umfaßt: (1) Beschreibung des Projekts und dessen Bedeutung, (2) Zweck und Dauer der Reise, (3) Einschätzung der Reisekosten und Angabe weiterer Förderungsarten
- Lebenslauf
- Zusammenfassung des Forschungsvorhabens und dokumentierten Termin/Forschungsplan. Zweck, Dauer und Kosten der Reise müssen begründet sein

- Mindestens 1 Referenz von einem ranghohen deutschen Wissenschaftler
- Exemplar(e) von ein oder zwei Veröffentlichungen des Bewerbers.

Bewerbungsschluß: 15. Januar und 15. August

Institution	The German Marshall Fund of the United States Kaiserstraße 1c 5300 Bonn 1 Tel. (0228) 21 00 41
Stichwort	Zuwendungen für Forschungsvorhaben über Deutschland und Themen zu transatlantischen Beziehungen
Zielgruppe	Einzelne oder Gruppen-Projekte über 1) nationale Entwicklungen in Deutschland und/oder den USA, die die Einstellung gegenüber dem jeweils anderen Land verändern und/oder 2) Entwicklungen in Wirtschaft und Finanzen, die die atlantische Allianz betreffen.
Zweck	Individuelle, sowie Gruppen-Forschungsvorhaben in den o. g. Bereichen sollen ermöglicht werden
Förderung	Finanzierung: Bis zu $ 35.000,– für Projekte Bis zu $ 60.000,– für Gruppenprojekte Dauer: bis zu einem Jahr
Sonstiges	Alle Anträge sollen maschinenschriftlich in englischer Sprache eingereicht werden und sollen folgendes enthalten: – „Bewerbungsbrief“ – Beschreibung des Projekts – Lebenslauf von allen Projektbeteiligten – Angabe der genauen Summe, die beantragt wird und Einschätzung der Gesamtkosten der Durchführung des Projekts

- Namen von drei Personen, die das Projekt und die Bewerber beurteilen können.

Bewerbungsschluß: 30. November und 31. Mai

Institution	Gesellschaft für Internationale Jugendkontakte e. V. Am Gäßchen 24 Postfach 20 05 62 5300 Bonn 2 Tel. (0228) 32 10 71
Stichwort	CCUSA-Camp Councelor
Zielgruppe	Abiturienten, Studenten, Lehrer, Jugend- und Sozialarbeiter, Krankenpfleger, aktive Sportler, Sportler der verschiedenen Disziplinen zwischen 18 und 30 Jahre
Zweck	Internationales kulturelles Austauschprogramm
Förderung	Programm: – 9-wöchiger Aufenthalt bei amerikanischen Jugend-Camps als Betreuer – maximal 6 Wochen für private Reisen Dauer: Anfang/Ende Juni bis Ende August/Ende September/ Finanzierung: – Als Entgelt für den Arbeitseinsatz im Camp erhalten die Teilnehmer einen freien Hin- und Rückflug, freie Anfahrt von New York zum Camp, Taschengeld am Ende des Camps – Eigenbeteiligung ca. 390 DM Kaution und Versicherung

Das Programm wurde ihnen entzogen!
Das Programm nun erreichbar unter:

CAMP COUNSELORS USA
Alemannen Str. 9
79232 MARCH-Freiburg
Tel./Fax 07665-1520

Institution

Gesellschaft für
Internationale Jugendkontakte e. V.

Am Gäßchen 24
Postfach 20 05 62
5300 Bonn 2
Tel. (0228) 32 10 71

Stichwort

Familienaufenthalt bei amerikanischen Familien

Zielgruppe

Auszubildende
Schüler
Studenten
Voraussetzungen:
- sprachliche Grundkenntnisse
- Alter 16–24 Jahre

Zweck

Kontakt mit interessierten US-Familien, Förderung des kulturellen Austausches, Sprachförderung

---

Förderung

Programm
Aufenthalt als einziger deutscher Gast bei einer US-Familien

Dauer:
3–8 Wochen

Finanzierung:
ab DM 1.260,– (ohne Flug)

Sonstiges

Familienaufenthalte werden auch in Frankreich, Australien und Großbritannien organisiert.

Institution

Gesellschaft für
Internationale Jugendkontakte e. V.

Am Gäßchen 24
Postfach 20 05 62
5300 Bonn 2
Tel. (0228) 32 10 71

Stichwort

Family Companion Programme

Zielgruppe

Junge Frauen zwischen 18 und 24 Jahre

Zweck

Kulturelles Austauschprogramm

Förderung

Programm:

- 10wöchiger Aufenthalt bei amerikanischen Familien zur Betreuung der Kinder
- maximal 6 Wochen für private Reisen

Dauer:

Anfang/Ende Juni bis Ende August/Ende September

Finanzierung:

- Als Entgelt für die Tätigkeit in der Familie erhalten die Teilnehmerinnen einen freien Hin- und Rückflug
- Eigenbeteiligung ca. 350,– DM Kaution und Versicherung

Sonstiges

Bei großem Interesse an diesem Aufenthalt kann dieses 10wöchige Programm auch in ein Jahresprogramm umgewandelt werden.

Institution

Gesellschaft für
Internationale Jugendkontakte e. V.

Am Gäßchen 24
Postfach 20 05 62
5300 Bonn 2
Tel. (0228) 32 10 71

Stichwort

Glasnost-Sonderprogramm

a) Familienaufenthalt mit Gegenbesuch
b) Familienaufenthalt ohne Gegenbesuch
c) Programm für Lehrer und Hochschullehrer

Zielgruppe

a) Junge Menschen zwischen 16 und 22 Jahre
b) Junge Menschen zwischen 16 und 30 Jahre
c) Erwachsene, keine Altersbegrenzung

Zweck

Kultureller Austausch

Förderung

Programm/Dauer:

2wöchiger Aufenthalt bei einer russischen Gastfamilie in Orenburg

Finanzierung:

Eigenmittel der Teilnehmer zwischen 1.445,– DM und 1.845,– DM.

Institution

Gesellschaft für
Internationale Jugendkontakte e. V.

Am Gäßchen 24
Postfach 20 05 62
5300 Bonn 2
Tel. (0228) 32 10 73

Stichwort

High School Aufenthalt USA

Zielgruppe

Schüler und Schülerinnen zwischen 15 und 18 Jahren

Zweck

Förderung des kulturellen Austausches, Abbau von Vorurteilen, Sprachförderung, Integration in eine US-Familie

---

Förderung

Programm:

- als einziger deutscher Schüler bei einer amerikanischen Gastfamilie
- regelmäßiger Besuch der ortsansässigen High School

Dauer:

5 oder 10 Monate

Finanzierung:

- 5 Monate: DM 5.680,–
- 10 Monate: DM 7.420,–

Sonstiges

Ebenso 3, 5 oder 10monatiger High School-Aufenthalt in Australien.

Institution

Gesellschaft für
Internationale Jugendkontakte e. V.

Am Gäßchen 24
Postfach 20 05 62
5300 Bonn 2
Tel. (0228) 32 10 71

Stichwort

Jahresprogramm „Au Pair in America“

Zielgruppe

Junge Menschen im Alter zwischen 18 und 25 Jahre

Zweck

Kontakt mit interessierten US-Familien, Auseinandersetzung mit dem eigenen kulturellen Hintergrund, Förderung der Englischkenntnisse, Förderung des kulturellen Austausches

---

Förderung

Programm:

- Aufenthalt in einer amerikanischen Gastfamilie mit Kindern
- Betreuung der Kinder
- Besuch von Weiterbildungskursen an amerikanischen Universitäten, Colleges und Community Center

Dauer:

12 Monate (+ weitere vier Wochen eigener Reisen)

Finanzierung:

Als Entgelt für die Kinderbetreuung werden Hin- und Rückflug finanziert sowie ein wöchentliches Taschengeld von 100 US$. Teilnahme an Weiterbildungskursen wird garantiert und bis zu US$ 300 gefördert.

Institution

Gesellschaft für
Internationale Jugendkontakte e. V.

Am Gäßchen 24
Postfach 20 05 62
5300 Bonn 2
Tel. (0228) 32 10 71

Stichwort

Tertial-, Halbjahres- und Jahresaufenthalt in Australien

Zielgruppe

Schüler zwischen 15 bis 17 Jahre

Zweck

Förderung der Englischkenntnisse, Auseinandersetzung mit dem eigenen kulturellen Hintergrund

---

Förderung

Programm:

- Vermittlung einer australischen Gastfamilie
- 3-, 5- oder 10-monatiger Schulbesuch an einer Oberschule
- Betreuung durch einen lokalen Organisator

Finanzierung:

Kosten für das gesamte Programm einschließlich Linienflug ab Frankfurt DM 7.050,–

Sonstiges

Familien, die einen australischen Schüler während des gleichen Zeitraumes oder im anschließenden Jahr aufnehmen, werden bei der Auswahl bevorzugt.

Institution

Gesellschaft für
Internationale Jugendkontakte e. V.

Am Gäßchen 24
Postfach 20 05 62
5300 Bonn 2
Tel. (0228) 32 10 71

Stichwort

Work und Study in England

Zielgruppe

Junge Frauen zwischen 17 und 27 Jahren

Zweck

Verbesserung der Englischsprachkenntnisse
Förderung des kulturellen Austausches

Förderung

Programm/Dauer:

- 10 bzw. 11wöchiger Aufenthalt in Norwich oder London bei einer Familie zur Betreuung der Kinder
- Teilnahme an Sprachkursen (15 Unterrichtsstunden pro Woche)

Finanzierung:

Eigenmittel der Teilnehmer zwischen 2.350,– DM und 3.065,– DM für die Sprachkurse

Institution

Gesellschaft für übernationale Zusammenarbeit e. V.

Bachstraße 32
Postfach 15 29
5300 Bonn 1
Tel. (0228) 7 29 00 80

Stichwort

Deutsch-französische Jugendbegegnungen

Zielgruppe

Junge Erwachsene zwischen 18 und 25 Jahren
Voraussetzung: ausreichende Sprachkenntnisse

Zweck

Förderung der deutsch-französischen Zusammenarbeit

Förderung

Programm:

- Themenseminare mit politischen, wissenschaftlichen und kulturellen Inhalten
- landeskundliche und sportliche Aktivitäten

Dauer:

10 Tage während der Ferien

Finanzierung:

- je nach Zielort ca. DM 300,– bis 400,–

Institution

Gesellschaft für
übernationale Zusammenarbeit e. V.

Bachstraße 32
Postfach 15 29
5300 Bonn 1
Tel. (0228) 7 29 00 80

Stichwort

Deutsch-französische Jugendbegegnungen

Zielgruppe

Deutsche und französische Jugendliche zwischen 14 und 18 Jahren

---

Zweck

Förderung der Zusammenarbeit von Deutschen und Franzosen

Förderung

Programm:

- Ferienaufenthalt junger Deutscher und Franzosen in frz. und dt. Studien- und Kontaktzentren
- Sprachförderung
- kulturelle und landeskundliche Aktivitäten

Dauer:

- 2 oder 3 Wochen in den Oster- oder Sommerferien

Finanzierung:

- je nach Dauer und Zielort ca. 600,– bis 1400,– DM

Institution

Gesellschaft für
übernationale Zusammenarbeit e. V.

Bachstraße 32
Postfach 15 29
5300 Bonn 1
Tel. (0228) 7 29 00 80

Stichwort

Deutsch-französische Zusammenarbeit

Zielgruppe

Junge Deutsche und Franzosen, die im Bereich organisierter deutsch-französischer Begegnungen tätig sind oder sein wollen

Mindestalter: 20 Jahre

Das Programm wendet sich nicht an Berufsdolmetscher

Zweck

Ausbildung von Gruppendolmetschern, Sprachvermittlern und Begleitern

---

Förderung

Programm:

Sprachliche, landeskundliche und pädagogische Ausbildung im Rahmen von Kursen im jeweiligen Ausland

---

Sonstiges

Eine detaillierte Ausschreibung (Preise, Termine, Orte etc.) wird auf Anfrage zugeschickt.

Institution

Gesellschaft für übernationale Zusammenarbeit e. V.

Bachstraße 32
Postfach 15 29
5300 Bonn 1
Tel. (0228) 7 29 00 80

Stichwort

Deutsch-französische Zusammenarbeit

Zielgruppe

Junge Deutsche und Franzosen, die eine deutsch-französische Jugendgruppe betreuen möchten

Mindestalter: 21 Jahre

Voraussetzung: gute Sprachkenntnisse

Zweck

Ausbildung von Gruppenleitern („Animateuren") für deutsch-französische Jugendbegegnungen

---

Förderung

Programm:

Jährlich im Februar finden zwei Grundkurse statt, in denen die Interessenten eine landeskundliche und pädagogische Ausbildung erhalten

---

Sonstiges

Bewerbungsunterlagen werden ab September an Interessenten verschickt.

Institution

IBG – Internationale Begegnung in Gemeinschaftsdiensten e. V.

Schlosserstraße 28
7000 Stuttgart 1
Tel. (0711) 6 49 11 28

Stichwort

Internationaler Freiwilligendienst

Zielgruppe

Junge Leute im Alter zwischen 18 und 27 Jahren

Zweck

Internationale Freiwilligendienste in Deutschland, nach Übersee, der Schweiz; Vermittlung von Interessenten ins europäische Ausland (Dänemark, Portugal, Frankreich, England, Türkei etc.) und Osteuropa

---

Förderung

Programm:

Einsatz in gemeinnützigen Projekten unter fachlicher Anleitung

Dauer:

3 Wochen

Finanzierung:

- Kostenübernahme für Unterkunft, Verpflegung, Freizeitgestaltung und Versicherung
- Eigenleistung der Teilnehmer: Anmeldegebühr und Reisekosten

---

Sonstiges

IBG ist anerkannt als Träger der außerschulischen Jugendbildung.

Institution

ibo – Internationaler Bauorden – Deutscher Zweig e. V. –

Postfach 14 38
Liebigstraße 23
6520 Worms 1
Tel. (06241) 31 95

Stichwort

Gemeinschaftsdienst

Zielgruppe

Keine speziellen Anforderungen;
Mindestalter: 18 Jahre

Zweck

Leistung sozialer Gemeinschaftsdienste, insbesondere Bau- bzw. Aufbaumaßnahmen in verschiedenen Ländern im Sinne von „Hilfe zur Selbsthilfe" für Randgruppen

---

Förderung

Programm:

Bildung von Gruppen zum Einsatz in Bauprojekten

Dauer:

unterschiedlich (i. d. R. 4 Wochen)

Finanzierung:

- Übernahme der Reisekosten durch ibo (bei Flugreise Teilnehmerbeitrag 25 % der Mehrkosten gegenüber Bahnreise)
- Unterhaltskosten usw. im Land durch ibo
- Teilnehmerbeiträge 120,– bis 300,– DM

Institution ICXchange – Deutschland, Gesellschaft für internationalen Kulturaustausch e. V.

Bahnhofstraße 16/18
Postfach 30 24
2900 Oldenburg 1
Tel. (0441) 2 42 17

Stichwort Highschool-Jahr in den USA und Brasilien

Zielgruppe Schüler im Alter von 15 bis 18 Jahren, d. h. Absolventen der 10. Klasse

Voraussetzung:
Notendurchschnitt von mindestens 3,5

Zweck Kulturaustausch
sprachliche Weiterbildung

Förderung Programm:
Highschool Besuch in den USA oder Brasilien

Dauer:
Schuljahr oder Schulhalbjahr

Finanzierung:
- Eigenaufkommen
- ICX-Teilstipendium möglich

Institution

INSEAD
Institut Européen d'Administration des Affaires
MBA Information

Boulevard de Constance
F-77305 Fontainebleau Cedex, France
Tel. 60.72.42.73

Stichwort

Managementstudium

Zielgruppe

Jungakademiker im Management
Leitende Angestellte mit Hochschulabschluß

Voraussetzungen:

- Berufserfahrung mind. 2 Jahre
  oder besondere Eignung aufgrund des Management-Eignungstests – GMAT und ausgezeichneten Hochschulabschluß
- Höchstalter: 35 Jahre
- Gute Englisch- und Französischkenntnisse bzw. Verpflichtung zur Absolvierung von Sprachkursen

---

Zweck

Vermittlung von Managementwissen mit internationaler Ausrichtung von hoher Qualität

---

Förderung

Finanzierung:

- Eigenbeitrag für Studiengebühr u. Lehrmaterial
- Begrenzte Anzahl von Stipendien (Bewerbung offen)
- Sonderkonditionen für Darlehen

Institution

International Association for the Exchange of Students for Technical Experience – IAESTE

Deutsches Komitee, in:
Deutscher Akademischer Austauschdienst
Programmbereich I:
Praxisbezogene Ausbildung

Kennedyallee 50
Postfach 20 04 04
5300 Bonn 2
Tel. (0228) 88 21

Stichwort

Internationaler Praktikantenaustausch

Zielgruppe

Studierende an Hochschulen aus den Fachbereichen Naturwissenschaften, Ingenieurwissenschaften, Land- und Forstwirtschaft

Voraussetzungen:

- europäisches Ausland: mind. 2 Semester
- außereurop. Ausland: Zwischenprüfung o. ä.
- ausreichende Sprachkenntnisse (Englisch oder Sprache des Gastlandes)

Zweck

Berufsbezogenes Fachpraktikum im Ausland

Förderung

Dauer:

2–3 Monate (i. d. R. Juli bis Oktober)

Finanzierung:

- Vergütung zur Bestreitung der Lebenshaltungskosten durch aufnehmende Firma
- Fahrtkostenzuschuß kann für Überseepraktika beantragt werden

Sonstiges

Bewerbungen zu Beginn des WS: Für Studenten an wissenschaftlichen Hochschulen bei den IAESTE – Lokalkomitees oder den Akademischen Auslandsämtern, für Studenten an Fachhochschulen bei der Koordinierungsstelle für Praxissemester der Fachhochschulen Postfach 24 40, 7500 Karlsruhe 1, Tel. (0721) 1 69-4 66

Institution

International Organisation for Migration (IOM)

Koblenzer Straße 99
Postfach 20 07 62
5300 Bonn 2
Tel. (0228) 8 20 94-0

Stichwort

IOM Programme der internationalen personellen Zusammenarbeit

Zielgruppe

1. Deutsche Fachkräfte, bevorzugt mit technischen Berufen (Techniker, Ingenieure, Hochschullehrer, Wissenschaftler)

Voraussetzungen:

- Alter zwischen 25 und 40 Jahren
- mindestens dreijährige Berufserfahrung
- Sprachkenntnisse in Spanisch erwünscht

2. Fach- und Führungskräfte aus Lateinamerika und Afrika, die in ihr Herkunftsland zurückkehren möchten

3. Deutschlehrer (Sekundarstufe I und II) Grundschullehrer

Zweck

Für die Entwicklung der Länder Afrikas und Asiens sind Fachkräfte ein bestimmender Faktor. IOM möchte durch seine Programme einen Beitrag hierzu leisten.

Förderung

Latin American Reintergration Assistance Programme (LARAP)

Reintegrationsprogramm für Afrika

‚Integrierte Fachkräfte' Programm *

Industrie- und Universitätsprogramme

Lehrerprogramme (Lateinamerika, Kenia, Türkei, Ungarn)

Landwirtschaftsprogramme

Sonstiges

Praktikantenprogramme für deutsche Junglandwirte (Argentinien, Uruguay)

Bei Interesse kann zur genaueren Information eine Broschüre und das ‚Job Offer Bulletin' bei IOM angefordert werden.

* Dieses Programm wird in Abstimmung mit dem Centrum für Internationale Migration und Entwicklung in Frankfurt angeboten.

Institution International Pharmaceutical Students' Federation – IPSF

c/o Westdeutscher Famulantenaustausch
Godesberger Allee 54
5300 Bonn 2
Tel. (0228) 37 53 40

Stichwort Internationaler Studentenaustausch

Zielgruppe Pharmaziestudenten
Pharmazeuten bis 4 Jahre nach dem Examen

Voraussetzung:

Beherrschung der jeweiligen Landessprache oder mindestens einer Fremdsprache (Englisch, Französisch, Spanisch)

Zweck Vermittlung von Kenntnissen des ausländischen Apotheken- und Gesundheitswesens

---

Förderung Programm:

Studien- bzw. Arbeitsaufenthalt bei ausländischer Institution (Retail, Krankenhaus, Industrie, Universität, Wholesale); vergleichbar Hospitant in deutscher Apotheke

Dauer:

1–6 Monate; 1–3 Monate innerhalb Europas

Finanzierung:

Kostenübernahme für Unterkunft und Verpflegung; alles übrige Eigenbeitrag

---

Sonstiges Bewerbung mindestens 4 Monate vor Reiseantritt
Übliche Austauschzeit zwischen Mai und September

Institution Internationale Jugendgemeinschaftsdienste e. V. – IJGD –

Kaiserstraße 43
5300 Bonn 1
Tel. (0228) 22 10 01

Stichwort Auslandsaufenthalte

Zielgruppe Schüler, Studenten und Sonstige

Alter zwischen 18 und 25 Jahren, in Europa ab 16

Zweck Internationale Freiwilligendienste

Förderung

Programm:

Freiwilligendienste bei Projekten insbesondere im europäischen Raum (einschließlich Osteuropa) sowie in einigen überseeischen Ländern (insbesondere Ghana, Grönland, Israel, Kanada, Nicaragua, Nord- und Westafrika, Syrien, USA)

Dauer:

3 Wochen bis 6 Monate (überwiegend in Ferienzeiten)

Finanzierung:

- Zuschüsse (relativ gering)
- erheblicher Eigenbeitrag (je nach Einsatzland usw. unterschiedlich)

Sonstiges Für die Beteiligung an Übersee-Programmen sind längerfristige Vorbereitungen in besonderen Arbeitsgemeinschaften vorgesehen

---

Institution Internationaler Arbeitskreis für Musik e. V.

Heinrich-Schütz-Allee 29
3500 Kassel-Wilhelmshöhe
Tel. (0561) 3 79 27

Stichwort Musiklehrgänge, Musikwochen

Zielgruppe Kinder

Jugendliche (15–25 J.)

Erwachsene Laien

Senioren

Musikpädagogen

Zweck Förderung, Aus- und Weiterbildung im Ausüben, Hören und Verstehen alter und neuer Musik

---

Förderung Programm:

1–2 wöchige Lehrgänge in England, Frankreich, Italien, Luxemburg, Niederlande, Jugoslawien, Polen

Finanzierung:

Zuschüsse aus Mitteln des Bundesministers für Jugend, Familie, Frauen und Gesundheit

---

Institution

Internationaler Christlicher
Jugendaustausch e. V. – ICJA –

Kiefernstraße 45
5600 Wuppertal 2
Tel. (0202) 50 10 81

Stichwort

Auslandsaufenthalt/Freiwillige soziale Dienste im Ausland

Zielgruppe

Jugendliche und junge Erwachsene zwischen 16 und 30 Jahren, im allgemeinen keine speziellen Voraussetzungen, nur z. T. bei speziellen Projekten

---

Zweck

Vermittlung von freiwilligen sozialen Diensten, Schulbesuch und Gastsituationen in Europa, USA, Lateinamerika, Afrika, Asien, Australien, Neuseeland

---

Förderung

Programme:

- Schulbesuch und Leben in Gastfamilien
- Schulbesuch und Leben in Gastfamilien, nebenbei Mitarbeit in Aktiongruppen und sozialen Einrichtungen
- Wohnen und Arbeiten in politischen und sozialen alternativen Projekten.

Dauer:

1 Jahr (Beginn und Ende des Austauschjahres jeweils Ende Juli)

Finanzierung:

Teilnahmebeiträge zwischen 4000,– DM und 8400,– DM je nach Zielland und Einkommen des Zahlenden

Teilstipendien von seiten des ICJA sind möglich

Sonstiges

Bewerbungsschluß ist am 15. 1. des darauffolgenden Austauschjahres.

Institution	Internationaler Katholischer Austauschdienst Veilchenweg 2 6634 Wallerfangen Tel. (06831) 6 06 38
Stichwort	Jugendbegegnungen in Frankreich und England
Zielgruppe	Schüler Studenten bis 22 Jahre Auszubildende bis 22 Jahre Voraussetzung: mindestens 2jähriges Studium der betr. Sprache des Gastlandes
Zweck	Verbesserung der Sprachkenntnisse Kennenlernen des Gastlandes Freundschaften schließen
Förderung	Programm: „Paying – Guest"-Aufenthalte in Einzelfamilien Dauer: 2–4 Wochen (in den Ferien) Finanzierung: Eigenfinanzierung
Sonstiges	Die Organisation vermittelt auch Briefkontakte weltweit Mindestalter: 12 Jahre

Institution

IN VIA Deutscher Verband
Katholischer Mädchensozialarbeit e. V.

Karlstraße 40
7800 Freiburg
Tel. (0761) 2 00-2 06

Stichwort

Au-pair-Aufenthalt

Zielgruppe

Mädchen und junge Frauen

Voraussetzungen:

- Alter 18–30 Jahre
- Grundkenntnisse der Sprache des Gastlandes
- hauswirtschaftliche Grundkenntnisse
- Erfahrung im Umgang mit Kindern

Zweck

Vermittlung von Au-pair-Aufenthalten im Ausland

Förderung

Programm:

- Vermittlung von Au-pair-Aufenthalten im Ausland
- Beratungsdienste und kulturelle Angebote im Ausland

Dauer:

unterschiedlich, aber mindestens 6 Monate

Finanzierung:

Näheres bei obiger Adresse

Sonstiges

Einrichtungen des Verbandes (Wohn- und Klubheim, Beratungs- und Vermittlungsstelle) in London und Paris

---

Institution

Japan Society for the Promotion of Science (JSPS)

5–3–1 Kojimachi
Chiyoda-ku
Tokyo 102

Stichwort

Forschungsstipendien für deutsche Wissenschaftler in Japan

Zielgruppe

Promovierte Wissenschaftler (außer Japanologen) mit ausreichenden Englischkenntnissen (Alter unter 35 Jahre)

Zweck

Deutsch-japanische wissenschaftliche Zusammenarbeit

Förderung

Programm:

- Forschungsaufenthalt an japanischen Universitäten und Forschungsinstituten, die von der JSPS anerkannt werden

Dauer:

in der Regel 12 Monate mit Möglichkeit der Verlängerungen bis zu 24 Monate

Finanzierung:

- Monatliches Stipendium 270.000,– Yen
- Reisekostenzuschuß innerhalb Japans
- Zuschuß für Unterkünfte
- Zuschuß zu den Unterhaltskosten
- Hin- und Rückflug Japan
- ggf. Intensivkurs Japanisch (bis zu 500.000,– Yen)
- Versicherungen

Sonstiges

Bewerbungen über das Sekretariat der Alexander-von-Humboldt-Stiftung (Adresse siehe dort).

oder

Bewerbungen über JSPS aus wissenschaftlichen Zusammenarbeiten in Japan im Namen von einem deutschen Wissenschaftler.

Institution Japan Society for the Promotion of Science

5–3–1 Kojimachi
Chiyoda-ku
Tokyo 102

Stichwort JSPS FELLOWSHIP FOR RESEARCH in Japan

Zielgruppe

Typ 1 Erfahrene Wissenschaftler, Professoren
Typ 2 Professoren, Privatdozenten
Typ 3 Promovierte Wissenschaftler

Zweck Förderung bestehender Kontakte zwischen japanischen Wissenschaftlern und Kollegen in Übersee

---

Förderung

Programm:

Typ 1 Vorlesungen und Seminare abhalten
Typ 2 und 3 Forschungsarbeiten an japanischen Universitäten oder Forschungsinstituten

Dauer/Finanzierung:

Typ 1: 14 bis 90 Tage; Flugkosten und 18.000 Yen täglich

Typ 2: 6 bis 10 Monate; Flugkosten und 300.000 Yen für Professoren bzw. 270.000 Yen für Privatdozenten

Typ 3: 6 bis 12 Monate; Flugkosten und 240.000 Yen

Sonstiges Die Anmeldung erfolgt durch einen japanischen Wissenschaftler, der einen ausländischen Wissenschaftler einladen möchte, für Typ 1 im Mai und September und für Typ 2 und 3 nur im September.

Institution | Jugendgemeinschafts- und Jugendsozialdienste des Kolpingwerkes

Kolpingplatz 5–11
5000 Köln 1
Tel. (0221) 20 701-15/11

Stichwort | Gemeinschaftsdienste im Ausland

Zielgruppe | Junge Erwachsene im Alter von 18 bis 25 Jahren
keine besonderen Voraussetzungen
(nur Gruppenreisen, keine Einzelvermittlung)

Zweck

- Hilfe durch Mitarbeit im Projekt
- Kontakte zur Bevölkerung bei der Arbeit und in der Freizeit

---

Förderung

Programm:

Arbeitseinsätze
z. B.: Bau- und Renovierungsarbeiten,
Mitarbeit in der Landwirtschaft und bei der Landschaftspflege

in europäischen Ländern sowie in Israel, Indien, Philippinen, Lateinamerika, Afrika

Dauer:

3 bis 4 Wochen, je nach Projekt und Land (überwiegend in den Ferienmonaten)

Finanzierung:

Teilnehmerbeiträge werden im jeweiligen Jahresprogramm angegeben (erscheint im Dezember)

Titel: Reisen für junge Leute

Institution	Kommunale Ämter für Ausbildungsförderung (zu erfragen beim Auslandsamt der jeweiligen Universität)
Stichwort	Förderung von Auslandsaufenthalten nach BAföG
Zielgruppe	Studierende, die Ausbildungsförderung im Inland nach BAföG erhalten
Zweck	Auslandsstudium
Förderung	Studium im europäischen und außereuropäischen Ausland: Voraussetzung: Möglichkeit der Anrechnung Dauer: in der Regel 1 Jahr Finanzierung: Bedarfssatz nach BAföG; Auslandszuschlag; Reisekosten; Studiengebühren in der Regel bis höchstens 9.000,– DM pro Jahr
Sonstiges	Auslandssemester oder -jahr wird nicht auf Förderungshöchstdauer nach BAföG angerechnet; der Beginn der Auslandsausbildung muß spätestens ein Semester vor Ablauf der Regelförderzeit erfolgen.

Institution

Konrad-Adenauer-Stiftung
Institut für Begabtenförderung

Rathausallee 12
Postfach 1260
5205 Sankt Augustin 1
Tel. (02241) 2 46-0

Stichwort

Studium im Ausland, Forschungsaufenthalt

Zielgruppe

Deutsche Studierende an Hochschulen und Universitäten (Studium im Ausland)

Deutsche Graduierte bzw. Doktoranden (Forschungsaufenthalt)

Voraussetzung:

- Stipendiaten der Stiftung, die bereits 1 Jahr als Stipendiaten in Deutschland studiert haben

  Voraussetzungen:
  - überdurchschnittliche Studienleistungen
  - gesellschaftspolitisches Engagement

Bei Stipendiaten der Graduierten- und Doktorandenförderung kann ein längerer Forschungsaufenthalt im Ausland gefördert werden

---

Zweck

Auslandsaufenthalt im Rahmen eines Konrad-Adenauer-Stipendiums

---

Förderung

Programm/Dauer:

- 1 oder 2 Semester Studienaufenthalt im Ausland
- längerer Forschungsaufenthalt

Finanzierung:

Stipendium

Institution Dr. Mildred Scheel Stiftung
Deutsche Stiftung für Krebsforschung

Thomas-Mann-Straße 40
Postfach 1467
5300 Bonn 1
Tel. (0228) 72 99 00

Stichwort Mildred-Scheel-Stipendien

Zielgruppe Wissenschaftler und Ärzte, die in der Onkologie tätig sind oder eine solche Tätigkeit beabsichtigen

Voraussetzungen:

- Promotion, Erfahrungen in medizinischer oder naturwissenschaftlicher Forschung
- Tätigkeit und ständiger Wohnsitz in der Bundesrepublik Deutschland, Höchstalter 40 Jahre
- Gute Kenntnisse in Englisch und/oder der Gastsprache

Zweck Förderung der wissenschaftlichen Krebsforschung und ihrer Anwendung, Erfahrungsaustausch an ausländischen Institutionen

---

Förderung Studienaufenthalt von 3 Monaten bis 2 Jahren

Finanzierung:

- monatliches Stipendium nach Lebensalter 2.250,– bis 2.550,– DM
- Verheirateten- und Kaufkraftzuschlag
- Reisekosten
- Starthilfe, Sach- und Kongresskosten

Sonstiges Bewerbungen jederzeit, spätestens 3 Monate vor Beginn

---

Institution

Dr. Mildred Scheel Stiftung
Deutsche Stiftung für Krebsforschung

Thomas-Mann-Straße 40
5300 Bonn 1
Tel. (0228) 72 99 00

Stichwort

European School of Oncology/Mailand (ESO) in Orta San Giulio, Lugano und Venedig

---

Zielgruppe

Ärzte und Wissenschaftler, die an Kursen und Seminaren der European School of Oncology teilnehmen möchten

---

Zweck

Förderung der Aus- und Weiterbildung in der Onkologie

Förderung

Finanzierung:

- Stipendium von 18.000,– DM für Kurse in Orta San Giulio und Lugano
- Stipendium von 12.000,– DM für Seminare in Venedig

Der Förderungsbetrag wird rückwirkend nach Vorlage einer Teilnehmerbescheinigung gezahlt.

Sonstiges

Der Stipendienantrag für Kurse und Seminare, die von Januar bis Juli stattfinden, ist bis zum 1. Dezember des Vorjahres, und für die, die von August bis Dezember stattfinden, bis zum 1. Juni einzureichen.

Institution

MINERVA
Gesellschaft für Forschung m. b. H.
Max-Planck-Institut für Kernphysik

z. Hd. Frau E. Burger
Saupfercheckweg 1
Postfach 10 39 80
6900 Heidelberg 1
Tel. (06221) 51 64 99

Stichwort

Minerva-Preise

Zielgruppe

Doktoranden

Zweck

Erste Kontakte zwischen deutschen und israelischen Wissenschaftlern

---

Förderung

Programm:
Aufenthalt an israelischem Gastinstitut

Dauer:
2–3 Monate

Finanzierung:
- Flugkosten
- Aufenthaltskosten (3500,– bis 5000,– DM)

Sonstiges

Bewerbungen sollten möglichst zum 1. Februar und 15. August eines jeden Jahres erfolgen.

(In dringenden Fällen werden Ausnahmen gemacht.)

Institution

MINERVA
Gesellschaft für die Forschung m. b. H.
Max-Planck-Institut für Kernphysik

z. Hd. Frau E. Burger
Saupfercheckweg 1
Postfach 10 39 80
6900 Heidelberg 1
Tel. (06221) 51 64 99

Stichwort

Minerva-Stipendien

Zielgruppe

Junge promovierte Wissenschaftler
Doktoranden
Diplomierte
Hochschullehrer
Bevorzugte Fachrichtungen: Ingenieur- und Naturwissenschaften

---

Zweck

Deutsch-israelische wissenschaftliche Zusammenarbeit

Förderung

Programm:
Forschungsaufenthalt an israelischem Gastinstitut

Dauer:
6 Monate – 2 Jahre

Finanzierung:
- Stipendium
- Reisekostenpauschale
- ggf. Reisekostenübernahme für Familie

Sonstiges

Bewerbungen können zum 1. Februar und 15. August eines jeden Jahres erfolgen

---

Institution

Ministerium für Wirtschaft, Mittelstand und Technologie Baden-Württemberg

Theodor-Heuss-Straße 4
Postfach 10 34 51
7000 Stuttgart 1
Tel. (0711) 1 23/0

Stichwort

Fortbildungsprogramm Nachwuchsführungskräfte (Auslandsaufenthalte)

Zielgruppe

Nachwuchsführungskräfte in mittelständischen Betrieben Baden-Württembergs

Voraussetzungen:

- Alter 25–45 Jahre
- gute Englisch- oder Französischkenntnisse
- mind. 4-jährige Berufserfahrung im internationalen Handel in leitender Position
- gesicherter Arbeitsplatz nach Rückkehr

Zweck

Erwerb von Auslandserfahrungen für mittelständische Unternehmen, Einblick in das Wirtschaftsleben des Gastlandes.

Förderung

Programm/Dauer:

6 Monate Fortbildungsaufenthalt

Finanzierung:

Höhe des Stipendiums richtet sich nach den Erfordernissen im Gastland. Das Land trägt die Kosten für die An- und Abreise in das Gastland.

Sonstiges

Die Stipendienplätze werden jährlich jeweils für ein Land gesondert ausgeschrieben.

Über Auswahl der Teilnehmer entscheidet eine Kommission, zu der ein Vertreter des zuständigen Branchenverbands gehört.

Institution Nacel

Raiserstraße 18
6520 Worms 24
Tel. (06241) 5 62 12

Stichwort Familienaufenthalt in Frankreich, Irland und USA

Zielgruppe Jugendliche zwischen 12 und 17 Jahren

Zweck Entdeckung des Familienlebens im Ausland

Förderung Programm/Dauer:

4wöchiger Familienaufenthalt

Finanzierung:

Eigenmittel der Teilnehmer für Flug, Betreuung und Versicherung

- Frankreich ca. 940,– DM
- Irland ca. 1.950,– DM
- USA ca. 2.300,– DM

Institution	National Research Council of Canada Ottawa Canada, K1AOR6
Stichwort	Research Associateships
Zielgruppe	Naturwissenschaftler (mind. Ph.D. oder gleichwertiger akademischer Grad) Ingenieurwissenschaftler (mind. M.Sc. oder gleichwertiger akademischer Grad)
Zweck	Durchführung von Forschungsarbeiten in internationaler Zusammenarbeit
Förderung	Programm: Befristete Tätigkeit als wissenschaftliche Mitarbeiter des National Research Council in Kanada Dauer: 1–5 Jahre Finanzierung: – Gehalt und übliche Sonderleistungen – Reisekostenzuschüsse – Wiedereingliederungsbeihilfen
Sonstiges	Bewerbungsschluß für 1992: 30. 11. 91; Bewerbungsformular bei o. g. Adresse rechtzeitig anfordern.

Institution The Norwegian Research Council for Science and the Humanities

Secretariat for Cultural Exchange Programmes
Sandakerveien 99
N-0483 Oslo 4

Stichwort Europaratstipendien

Zielgruppe Hochschulabsolventen

Voraussetzung:
- Alter i. d. R. max. 40 Jahre
- ausreichende Sprachkenntnisse (Englisch oder Norwegisch)

Zweck Fachbezogene Weiterbildung

Förderung Programm:

Studium an norwegischer Universität bzw. Institut

Dauer:

1 Studienjahr (9 Monate)

Finanzierung:
- Monatliches Stipendium 4900,– nkr
- Literatur etc. bis 1200,– nkr

Sonstiges Jährlich werden insgesamt 5 Stipendien an Angehörige der Mitgliedstaaten des Rates für Kulturelle Zusammenarbeit des Europarates vergeben.

Institution

Nothelfergemeinschaft der Freunde e. V.
Generalsekretariat

Auf der Körnerwiese 5
6000 Frankfurt 1
Tel. (069) 59 95 57

Stichwort

Dienste im Ausland

Zielgruppe

nicht spezifiziert

Voraussetzung:

Mindestalter 18–25 Jahre

Zweck

Soziale Freiwilligendienste im Ausland einschl. Übersee

Förderung

Programme:

- Hilfe in Katastrophengebieten
- Arbeit in Kibbuzim und sozialen Einrichtungen (Israel)
- Dorfentwicklungsarbeiten
- Aufbau von sozialen Einrichtungen

usw.

Dauer:

5–6 Wochen (je nach Einzelprogramm)

Finanzierung:

Näheres bei obiger Adresse

Institution	Pro International Aufbauwerk der Jugend e. V. Bahnhofstraße 26A 3550 Marburg/Lahn Tel. (06421) 6 52 77
Stichwort	Internationale Work-Camps/Auslandseinsätze
Zielgruppe	Jugendliche von 18–26 Jahren ohne besondere berufliche Kenntnisse, jedoch mit englischen oder französischen Sprachkenntnissen
Zweck	Förderung internationaler Verständigung und sozialer Lernprozesse
Förderung	Programme: Internationale Jugendgemeinschaftsdienste für gemeinnützige oder soziale Zwecke in europäischen und außereuropäischen Ländern (Ghana, Israel, Marokko, Türkei, Tunesien, Togo, Kenia, Indien) Dauer: – 3–6 Wochen (Kurzzeitprogramme) – 3–12 Monate (Langzeiteinsätze) Finanzierung: – freie Unterkunft und Verpflegung, Versicherung – teilweise Fahrtkostenzuschüsse – Eigenbeiträge je nach Programm

Institution

Der Regierungspräsident Düsseldorf

Georg-Glock-Straße 4
Postfach 30 08 65
4000 Düsseldorf 30
Tel. (0211) 49 77-46 37/36

Stichwort

Schüleraustausch auf Gegenseitigkeit

a) während der Schulzeit in Frankreich, Kanada, USA

b) während der Ferien in Irland, Schweiz, Neuseeland

Zielgruppe

Schüler und Schülerinnen zwischen 15 und 18 Jahren

Zweck

Kennenlernen des Gastlandes, Verbesserung der Sprachkenntnisse

---

Förderung

Programm/Dauer:

a) 1 bis 3monatiger Familienaufenthalt mit gleichzeitigem Schulbesuch

b) 3wöchiger Familienaufenthalt (Neuseeland: 2 Monate mit Schulbesuch)

Finanzierung:

Eigenmittel der Teilnehmer für Fahrt- bzw. Flugkosten und Taschengeld

---

Sonstiges

Weitere Auskünfte und Anmeldeformulare bei obiger Adresse

Institution

Rheinisch-Westfälische
Auslandsgesellschaft e. V.
– Auslandsinstitut –

Postfach 7 22
Arndtstraße 30 a
4600 Dortmund 1
Tel. (0231) 83 80 00

Stichwort

Sprachstudien Moskau

Zielgruppe

Pädagogen
Studenten
Voraussetzung:
Russisch-Kenntnisse

Zweck

Vermittlung von Sprachstudien am Puschkininstitut der Universität Moskau

---

Förderung

Programme:
- Sprachstudium 4 Wochen oder
- Sprachstudium 10 bzw. 5 Monate

Finanzierung:
- Stipendium
- Eigenbeitrag: Reisekosten

Sonstiges

Bewerbungsfrist 31. März

Institution

The Royal Norwegian Council
for Scientific and Industrial Research

Sognveien 72
P.O. Box 70
N-0855 Tåsen, Oslo 8

Stichwort

Norwegian Postdoctorate Fellowships

Zielgruppe

Natur- und Ingenieurwissenschaftler

Voraussetzungen:
- Höchstalter 35 Jahre
- mind. Ph.D. oder gleichwertiger Studienabschluß
- Vorlage eines konkreten Forschungsprojekts

Zweck

Förderung der angewandten Forschung in den Natur- und Ingenieurwissenschaften

---

Förderung

Programm:

Forschungsaufenthalt an norwegischen Universitäten oder an der Technischen Hochschule Trondheim (ausgenommen: Landwirtschaft und Medizin)

Dauer:

1–2 Jahre

Finanzierung:
- Jahresstipendium (96.000,– nkr für Ledige bzw. 20.000,– nkr für Verheiratete, 2.000,– nkr je Kind)
- Übernahme der Reisekosten

Institution

The Royal Norwegian Council
for Scientific and Industrial Research

Sognveien 72
P.O. Box 70
N-0855 Tåsen, Oslo 8

Stichwort

Deminex Stipendiaten-Programm

Zielgruppe

Studenten, Doktoranden, Forscher und Personen aus der Wirtschaft aus technologischen Fachgebieten

---

Zweck

Förderung der technologischen Zusammenarbeit zwischen Betrieben und Forschungsinstitutionen beider Länder

---

Förderung

Programm:

- Stipendien für Industrie-Technologen
- Stipendien zur Erwerbung eines norwegischen Doktorgrades
- Kurzzeitliche Stipendien für Forscher und Lehrer
- Studenten-Stipendien zum Besuch der internationalen Sommerschule in Oslo
- Abschlußarbeit an norwegischen Universitäten oder Technischen Hochschulen

Finanzierung:

Die Höhe der Stipendien wird jährlich festgesetzt, Reisekosten werden zusätzlich gedeckt.

Sonstiges

Bewerbungstermine sind jeweils der 1. April und der 1. Oktober

---

Institution	Royal Society of New Zealand 4 Halswell Street P.O. Box 598 Wellington, New Zealand Tel. (00644) 72 74 21
Stichwort	Captain James Cook Research Fellowship
Zielgruppe	Forscher (mindestens 5 Jahre nach Promotion)
Zweck	Forschung an einer neuseeländischen oder süd-west-pazifischen Universität
Förderung	Nähere Auskünfte bei: Neuseeländische Botschaft H I 902 Bonn Center 5300 Bonn 1 Tel. (0228) 22 80 70

Institution	Service Civil International Deutscher Zweig e. V. Blücherstraße 14 5300 Bonn 1 Tel. (0228) 21 20 86/7
Stichwort	Workcamps im Ausland: Ost- und Westeuropa, Asien, Afrika, USA
Zielgruppe	Keine speziellen Anforderungen Mindestalter: 18 Jahre gewünscht: Englisch-Grundkenntnisse
Zweck	Internationale Jugendbegegnungen
Förderung	Programm: Organisation von Workcamps in über 40 Ländern in gemeinnützigen Projekten Dauer: i. d. R. 2 bis 3 Wochen, hauptsächlich von Mai bis Oktober Finanzierung: – Anmeldegebühr (1990: 110,– DM bzw. 80,– DM für Mitglieder) – Kostenlose Unterkunft und Verpflegung

Institution

Ständige Konferenz der Kultusminister der Länder in der Bundesrepublik Deutschland – Pädagogischer Austauschdienst –

Nassestraße 8
Postfach 22 40
5300 Bonn 1
Tel. (0228) 5 01-0

Stichwort

Auslandsaufenthalt für deutsche Lehrer und Lehrerinnen (Lehreraustausch)

Zielgruppe

Lehrer und Lehrerinnen der lebenden Fremdsprachen

Voraussetzungen:

- Lehrbefähigung an weiterführenden Schulen
- langjährige Berufserfahrung
- Beherrschung der Sprache des Ziellandes
- Belastbarkeit und Anpassungsfähigkeit

Zweck

Förderung des Deutschunterrichts im Ausland und der Kenntnisse über die Bundesrepublik Deutschland

Erweiterung der Berufserfahrung; fachbezogene Fort- und Weiterbildung

---

Förderung

Programm:

- Einsatz zu vollverantwortlichem Unterricht an der Schule des Ziellandes und volle Integration in das andere Schulsystem
- Vor- und Nachbereitungsseminare

Dauer:

je nach Zielland 1 Schuljahr, 1 Trimester oder 6 Wochen

Finanzierung:

Weiterzahlung der Dienstbezüge

Institution

Ständige Konferenz der Kultusminister der Länder in der Bundesrepublik Deutschland – Pädagogischer Austauschdienst –

Nassestraße 8
Postfach 22 40
5300 Bonn 1
Tel. (0228) 5 01-0

Stichwort

Fremdsprachenassistenten/Fremdsprachenassistentinnen

Zielgruppe

Studierende (mind. 4 Sem. Hochschulstudium in der Bundesrepublik Deutschland) oder angehende Lehrer/innen der lebenden Fremdsprachen

Studierende für das Lehramt/angehende Lehrer/innen in anderen Fächern

Studierende/Absolventen anderer Studiengänge (Magister; Diplom; Staatsexamen) oder Studierende anderer Studienfächer

Voraussetzungen:

- deutsche Staatsangehörigkeit
- Beherrschung der Sprache des Ziellandes
- nicht älter als 30 Jahre

Zweck

Förderung der sprachlichen und landeskundlichen Kenntnisse der ausländischen Schüler/innen durch die Begegnung mit dem „native speaker“

Erweiterung und Vertiefung der eigenen Kenntnisse über Sprache und Kultur des Gastlandes sowie Einblick in das ausländische Erziehungswesen und seine Unterrichtsmethoden

---

Förderung

Programm:

- Einsatz an einer ausländischen Schule (überwiegend im Sekundarbereich); kein eigenverantwortlicher Unterricht. Die Unterrichtsverpflichtung beträgt i. d. R. 12 Zeitstunden pro Woche

Dauer:

je nach Zielland 8–10 Monate

Finanzierung:

Unterhaltszuschuß durch die ausländische Behörde

Institution

STAR – Police-Exchange Program
c/o Albert Hofmann

Waldstraße 37
Postfach 17 71
6806 Viernheim

Stichwort

Police Exchange Program California – Germany
Gastaufenthalte in Familien amerikanischer Polizeibeamter

Zielgruppe

Polizeibeamte sämtlicher Bundesländer sowie deren Ehegatten/Lebensgefährten

---

Zweck

Kennenlernen der amerikanischen Lebensweise und des Dienstes bei den amerikanischen Polizeibehörden (Ausbildung, Einsatz, Strafvollzug)

Förderung

Programm:

- Gastaufenthalte in amerikanischen Familien
- Besuch der kalifornischen Gastgeber in Deutschland

Beide Programme finden einmal jährlich statt.

Dauer:

2 Wochen (kann auf eigene Kosten und Rechnung verlängert werden)

Finanzierung:

- Eigenmittel der Teilnehmer

Institution	Studienstiftung des deutschen Volkes Mirbachstraße 7 5300 Bonn 2 Tel. (0228) 35 40 91
Stichwort	Auslandsstipendien
Zielgruppe	Studierende an Hochschulen einschl. Doktoranden Nur Stipendiaten der Studienstiftung (Hochbegabtenförderung)
Zweck	Auslandsstudium deutscher Studenten und Jungwissenschaftler
Förderung	Programm/Dauer: 1 Auslandsstudienjahr Finanzierung: Monatliche Zuschläge zum Inlandstipendium (zwischen ca. 100,– und 564,– DM je nach Land) Reisekosten und Studiengebühren
Sonstiges	Bewerbungstermin i. d. R. 1. April jeden Jahres

Institution Studienstiftung des deutschen Volkes

Mirbachstraße 7
5300 Bonn 2
Tel. (0228) 35 40 91

Stichwort Sprachkursstudien

Zielgruppe Studierende an Hochschulen einschl. Doktoranden
Nur Stipendiaten der Studienstiftung

Zweck Vorbereitung auf Auslandsstudien

Förderung

Programm:

Sprachkurs im Ausland mit Unterbringung in Gastfamilien

Dauer:

unterschiedlich, meistens 3–4 Wochen

Finanzierung:

- Eigenmittel der Teilnehmer
- Zuschüsse der Studienstiftung zu Unterrichts- und Unterhaltskosten
- Übernahme der Reisekosten

Institution Verein für Internationale Jugendarbeit e. V.

Adenauerallee 37
5300 Bonn 1
Tel. (0228) 22 44 33

Stichwort Au-pair-Aufenthalt

Zielgruppe Junge Mädchen

Junge Männer nur gelegentlich

Voraussetzungen:

- Alter zwischen 18 und 38 Jahre
- ledig und kinderlos
- gute Grundkenntnisse der Sprache des Gastlandes

Zweck Vermittlung von Au-pair-Aufenthalten in Amerika, Frankreich, Großbritannien, Italien, Spanien

---

Förderung Programm:

Vermittlung von Au-pair-Aufenthalten im Ausland, Beratung und Betreuung (kulturelle Programme in Paris und London)

Dauer:

mindestens 6 Monate bis zu einem Jahr

Finanzierung:

Näheres bei obiger Adresse

Sonstiges Auslandsstützpunkte des Vereins: Paris und London

Institution Weltfriedensdienst e. V. – WFD

Hedemannstraße 14
1000 Berlin 61
Tel. (030) 2 51 05 16

Stichwort Entwicklungsdienst

Zielgruppe Personen mit Interesse am Entwicklungsdienst

Voraussetzungen:

- abgeschlossene Berufsausbildung
- mehrjährige Berufspraxis, möglichst auch im Ausland
- Sprachkenntnisse
- pädagogische Fähigkeiten
- Engagement in der 3. Welt-Arbeit

Zweck Personelle Entwicklungshilfe

Förderung Programm:

Einsatz bei Selbsthilfe-Projekten in Entwicklungsländern

Dauer:

3 Jahre

Finanzierung:

- Unterhaltsgeld
- Übernahme der Reisekosten
- freie Unterkunft, Gesundheitsdienst
- Ausrüstungs- und Wiedereingliederungsbeihilfen

Institution Westdeutsche Rektorenkonferenz (WRK)

Ahrstraße 39
5300 Bonn 2
Tel. (0228) 37 69 11

Stichwort Kooperationsvereinbarungen (Partnerschaften) zwischen deutschen und ausländischen Hochschulen

---

Zielgruppe Studenten, Doktoranden, Lehrkräfte (Professoren, sonst. wissenschaftliche Lehrkräfte) an Hochschulen

---

Zweck Internationale wissenschaftliche Zusammenarbeit in Forschung und Lehre zwischen deutschen und ausländischen Hochschulen im Rahmen von Kooperationsvereinbarungen (Partnerschaften) und ähnlichen Vereinbarungen

---

Förderung Programme:

- Austausch von Studenten, Doktoranden
- Austausch von Lehrkräften
- Austausch von Stipendien
- Austausch von Informationsmaterial (hochschuleigene Publikationen)

Sonstiges Informationen bei der jeweiligen Hochschule; Liste der „Kooperationsvereinbarungen (Partnerschaften) zwischen deutschen und ausländischen Hochschulen“ bzw. länderbezogene Auszüge hiervon sind bei der WRK zu erhalten.

(Vgl. auch Punkt 1.2., Seite 243)

Institution Westdeutscher Famulantenaustausch e. V. (wfa)

Godesberger Allee 54
5300 Bonn 2
Tel. (0228) 37 53 40

Stichwort Famulatur

Zielgruppe Medizinstudenten

Voraussetzungen:

- zwei klinische Semester (Übersee: 3 oder 4)
- mind. 4 Wochen Famulatur
- ausreichende Englisch- und Französisch-Kenntnisse (Übersee: Landessprache sowie Englisch, Französisch oder Spanisch, jeweils mit Sprachzeugnis)

Zweck Vermittlung ausländischer Famulaturplätze an Medizinstudenten

---

Förderung Programm:

Ableistung der Pflichtfamulatur im Ausland

Dauer:

1–3 Monate in den Semesterferien

Finanzierung:

- Eigenbeitrag: Gebühren 65,– DM; z. T. Erstattung
- Ggf. Reisekostenzuschüsse bei außereuropäischen Famulaturen

---

Institution

World Council of Churches Scholarships Office

150, route de Ferney
P.O. Box 21 00
CH-1211 Genf 2

Stichwort

Scholarships

Zielgruppe

Engagierte kirchliche Mitarbeiter, Sozialarbeiter und Theologen

Voraussetzungen:

- Berufserfahrung in dem Bereich, den sie vertiefen wollen
- noch kein Auslandsstudium

Zweck

Verbindung von akademischer Ausbildung und Praxis, Kennenlernen anderer Kulturen, Erfahrungen in ökumenischer Arbeit sammeln

---

Förderung

Programm/Dauer:

- 3 bis 12 Monate, nicht zu einem bestimmten Abschluß (Qualifikation) führend
- bis 2 Jahre, wenn ein bestimmter Abschluß als notwendig erachtet wird
- bis 4 Jahre, wenn besondere Gründe vorliegen

Finanzierung:

Näheres bei obiger Adresse

Sonstiges

Die Kandidaten verpflichten sich in ihr Heimatland zurückzukehren und in dem Bereich ihrer Weiterbildung zu arbeiten.

Institution Zahnmedizinischer Austauschdienst (ZAD) e. V.

Mallwitzstraße 16
5300 Bonn 2

Stichwort Auslandsfamulatur

Zielgruppe Studenten der Zahnmedizin

Voraussetzungen:

- abgeschlossenes 2. klinisches Semester
- ausreichende Sprachkenntnisse

Zweck Internationaler Famulatenaustausch

Förderung Programm:

Famulatur an einer Universität/Klinik

Dauer:

mindestens 2 Monate und nicht länger als 6 Monate

Finanzierung:

Reisekostenzuschuß

Institution

ZAV – Zentralstelle für Arbeitsvermittlung der Bundesanstalt für Arbeit

Auslandsabteilung
Feuerbachstraße 42–46
6000 Frankfurt/Main 1
Tel. (069) 71 11-0

Stichwort

Arbeitsvermittlung nach dem Ausland

Zielgruppe

- Fach- und Führungskräfte für die Wirtschaft
- Personal für die Entwicklungszusammenarbeit
- Berufl. und sprachl. Fortbildung junger Arbeitnehmer
- Studenten und Abiturienten
- rückkehrwillige Hochschulabsolventen und Arbeitnehmer aus Entwicklungsländern (Reintegranten)

Zweck

- Vermittlung von auslandsinteressierten Bewerbern mit abgeschlossener Berufsausbildung, Fremdsprachenkenntnissen und Berufserfahrung für Auslandsvorhaben deutscher und ausländischer Unternehmen, staatlicher und halbstaatlicher Einrichtungen, Hochschulen und Verbänden
- Unterstützung der Entwicklungsdienste, Organisationen und Institutionen der wirtschaftlichen und technischen Zusammenarbeit bei der Personalsuche (Entwicklungshelfer, integrierte Fachkräfte und Experten der technischen Zusammenarbeit)
- Vermittlung von Auslandsaufenthalten zur sprachlichen und beruflichen Fortbildung (z. B. Ferientätigkeiten von Abiturienten und Studenten, Aupair-Haustöchter, Berufspraktika in Staaten der Europäischen Gemeinschaft und im Rahmen von Gastarbeiterabkommen)

- Förderung der Rückkehr und beruflichen Wiedereingliederung von Ausbildungsabsolventen und Arbeitnehmern in der Dritten Welt

---

Förderung In der Regel nur Vermittlung von Arbeitsstellen

Sonstiges In einzelnen Programmen finanzielle Unterstützung der Arbeitsaufnahme aus Mitteln der Bundesregierung (z. B. Reintegranten und integrierte Fachkräfte – diese Programme werden durch das Centrum für internationale Migration und Entwicklung (CIM), einer Arbeitsgemeinschaft der ZAV und der Deutschen Gesellschaft für technische Zusammenarbeit (GTZ) GmbH, durchgeführt. Die Anschrift lautet: Bettinastraße 62, 6000 Frankfurt/Main 1, Tel.: (069) 7 56 00 20).

Institution

ZAV – Zentralstelle für Arbeitsvermittlung der Bundesanstalt für Arbeit

Auslandsabteilung
Feuerbachstraße 42–46
6000 Frankfurt/Main 1
Tel. (069) 71 11-0

Stichwort

Deutsch-amerikanisches Austauschprogramm für junge Berufstätige Berlin – Los Angeles

---

Zielgruppe

Berufserfahrene Fachkräfte

Voraussetzungen:

- mindestens 25 Jahre alt
- englische Sprachkenntnisse

Zweck

Erwerb von Berufserfahrungen in den USA

Förderung

Programm/Dauer:

12-monatige Tätigkeit (bei bezahlter Tätigkeit Verlängerung um weitere 6 Monate möglich) in den USA

Finanzierung:

- Zuwendungen für die Vor- und Nachbereitung
- Zuschüsse für die Flugkosten und für Unterkunft und Verpflegung

---

Sonstiges

Zusammenarbeit mit dem
Informationsbüro für
deutsch-amerikanischen Austausch
Hüttenweg 7
1000 Berlin 33
Tel. (030) 8 31 38 20

Institution

ZAV – Zentralstelle für Arbeitsvermittlung der Bundesanstalt für Arbeit

Auslandsabteilung
Feuerbachstraße 42–46
6000 Frankfurt/Main 1
Tel. (069) 71 11-0

Stichwort

Programm zum Austausch junger Arbeitskräfte nach Artikel 50 des EWG-Vertrages

---

Zielgruppe

Junge Arbeitnehmer mit abgeschlossener Berufsausbildung

Zweck

Erweiterung der Berufskenntnisse,
berufliche und sprachliche Fortbildung,
Verbesserung von Kenntnissen der Lebensbedingungen und sozialen Verhältnisse im Gastland

---

Förderung

Programm/Dauer:

- bis zu 2-monatiger Sprachkursus im Gastland
- 3-12-monatige berufliche Tätigkeit im Gastland

Finanzierung:

- Sprachkursus und Unterbringung während dieser Zeit
- Fahrtkosten von und nach dem Gastland zu 75 %

III. Anhang

1. Auslandsstudium

1.1. Integriertes Auslandsstudium

Im Rahmen dieses Programms verbringen deutsche Studenten einen Teil ihres Fachstudiums an einer ausländischen Hochschule, wobei die Absprachen über Studienprogramme der ausländischen Hochschule sowie die Fragen der Anerkennung der im Ausland erbrachten Studienleistungen vorher von einem Fakultäts- oder Fachbereichsbeauftragten geklärt werden. Zielgruppe sind Studierende, die nach dem Vorexamen und vor dem Hauptexamen einen Teil ihres Studienplanes an einer ausländischen Hochschule durchführen.

Weitere Auskünfte geben sowohl die akademischen Auslandsämter und Fachbereiche der Hochschulen als auch der Deutsche Akademische Austauschdienst, Kennedyallee 50, 5300 Bonn 2, Tel. 0228/8821.

1.2. Studium an Partnerhochschulen

An vielen Hochschulen in der Bundesrepublik wird den Studenten die Möglichkeit geboten, einige Zeit an einer ausländischen Hochschule zu verbringen. Oft findet dieser Austausch im Rahmen fester Kooperationsvereinbarungen zwischen deutschen und ausländischen Hochschulen statt. Dabei gibt es zum Teil sogar Absprachen über finanzielle Zuschüsse, Unterbringung in Studentenheimen, Erlaß von Studiengebühren o. ä. Es kann sich lohnen, bei der Wahl des Studienortes in Deutschland an den in Betracht gezogenen Hochschulen auch nach solchen Möglichkeiten zu fragen.

Nähere Auskünfte erteilt die Westdeutsche Rektorenkonferenz (Ahrstraße 39, 5300 Bonn 2, Tel. 0228/37 69 11) oder das Akademische Auslandsamt der jeweiligen Hochschule.

1.3. Ausweise für Studenten im Ausland

Einige Ausweise erleichtern und verbilligen den Aufenthalt im Ausland:

a) Der Internationale Studentenausweis

ist für jeden eingeschriebenen Studenten beim Studentenwerk/AStA seiner Hochschule erhältlich. Sein Inhaber erhält im Ausland ungefähr die Vergünstigungen, die im Inland den Inhabern deutscher Studentenausweise gewährt werden.

b) Der deutsch-französische Sozialausweis

wird an vollimmatrikulierte deutsche Studenten unter 30 Jahren ausgegeben. Er ist bei allen örtlichen Studentenwerken vor Antritt der Reise nach Frankreich zu beziehen. Einzureichen sind 3 DM (Briefmarken oder Scheck), 1 Paßbild und eine Immatrikulationsbescheinigung. Der Ausweis berechtigt zur Inanspruchnahme der Sozialeinrichtungen der französischen Studentenwerke (Mensen und Wohnheime).

c) Der Fiyto-Ausweis

kann von allen Jugendlichen unter 35 Jahren bei den örtlichen Studentenwerken erworben werden, die für das jeweilige Zielland zuständig sind. Eine Liste über die örtlichen Zuständigkeiten der Studentenwerke für das jeweilige Ausland ist bei jedem Studentenwerk zu erhalten. Der Ausweis gewährt Vergünstigungen bei Eintrittspreisen für Museen, kulturelle Veranstaltungen sowie in einzelnen Ländern bei öffentlichen Verkehrsmitteln. Mit dem Antrag sind einzureichen 10 DM, 1 Paßbild und eine Kopie des Personalausweises.

2. Förderung von Auslandsaufenthalten durch Stiftungen

In der Bundesrepublik existieren eine Vielzahl von Stiftungen, deren Zweck unterschiedlich ausgerichtet ist: Wissenschaftliche, politische, kulturelle, künstlerische und sonstige Stiftungszwecke werden von den Stiftungen verfolgt.

Einzelne Stiftungen haben in ihrem Stiftungszweck ein Auslandsengagement miterwähnt. In diesen Fällen – wie beispielsweise bei der Konrad-Adenauer-Stiftung – sind diese Stiftungen im Programmteil dieser Dokumentation erwähnt. In der Mehrzahl aller Stiftungen dient ihre Aufgabe jedoch nicht primär einer auslandsorientierten Thematik. Dies schließt jedoch die Möglichkeit zu Auslandsengagements nicht aus, denn die Verfolgung der von der Stiftung geförderten Projekte kann auch einen Auslandsaufenthalt miteinschließen.

Nähere Einzelheiten über die Ziele der in Deutschland tätigen Stiftungen sind dem Stiftungshandbuch, herausgegeben vom Stiftungszentrum im Stifterverband für die Deutsche Wissenschaft in Essen, zu entnehmen: Stiftungshandbuch (Klaus Neuhoff / Ambros Schindler / Hans-Jürgen Zwingmann, Baden-Baden 1983).

3. Städtepartnerschaften

Städtepartnerschaften und Städtefreundschaften sind vereinbarte Freundschaftsbeziehungen bzw. -verbindungen zwischen Städten, Gemeinden und Kreisen verschiedener Nationalität. Sie dienen dem Ziel, freundschaftliche Begegnungen und gegenseitigen Erfahrungsaustausch zwischen den Bürgern zu fördern, insbesondere im Rahmen der europäischen Integrationsbewegung.

Auskünfte bei: Deutscher Städtetag, Lindenallee 13–17, 5000 Köln 51; Tel. (02 21) 3 77 10.

4. Auslandshandelskammern

Die deutschen Auslandshandelskammern fördern die Wirtschaftsbeziehungen zwischen der Bundesrepublik Deutschland und ihrem jeweiligen Sitzland. Sie sind grundsätzlich bilateral ausgerichtet, d. h. sie setzen sich gleichermaßen für die Interessen der Wirtschaft beider Länder ein. Die deutschen Auslandshandelskammern sind privatrechtliche Vereinigungen nach dem Recht des Landes, in dem sie ihren Sitz haben. Mitglieder sind Unternehmen, Organisationen und Privatpersonen aus den beiden Partnerländern.

Das vielfältige Dienstleistungsangebot der Kammern ist primär auf die einzelne außenwirtschaftlich engagierte Unternehmung ausgerichtet. Die Informations-Beratungs- und Vermittlerdienste stehen sowohl Mitgliedern als auch Nichtmitgliedern (gegen Gebühr) zur Verfügung.

Nach dem Stand vom 1. 8. 1990 gibt es 45 deutsche Auslandshandelskammern und 7 sogenannte Delegierte der deutschen Wirtschaft. Deren Büros sind über 37 Länder verteilt; das Netz erstreckt sich damit über alle 5 Kontinente.

Weitere Auskünfte erteilt der Deutsche Industrie- und Handelstag (DIHT), Adenauerallee 148, 5300 Bonn 1, Telefon: 02 28/1 04-0.

Auslandshandelskammern bzw. Delegierte der deutschen Wirtschaft *) gibt es in folgenden Ländern:

Ägypten
Argentinien
Australien
Belgien-Luxemburg
Bolivien
Brasilien
Chile
Dänemark *)
Ecuador
Finnland
Frankreich
Griechenland
Großbritannien
Guatemala
Hongkong *)
Indien
Indonesien
Iran
Irland
Italien
Japan
Kanada
Kolumbien
Korea (Süd)
Malaysia *)
Mexiko
Niederlande
Nigeria *)
Norwegen
Österreich
Paraguay
Peru
Polen *)
Portugal
Saudi-Arabien *)
Schweden
Schweiz
Spanien
Südafrika
Taiwan *)
Thailand
Türkei *)
Tunesien
Uruguay
USA
Venezuela

5. Deutsche Schulen im Ausland

Sowohl für auslandsinteressierte deutsche Lehrer, die gern an einer deutschen Schule im Ausland arbeiten würden, als auch für Familien, die bei einem Auslandsaufenthalt die Schulbildung ihrer Kinder sicherstellen müssen, ist die Kenntnis der Grundzüge des Auslandsschulwesens von Bedeutung. Folgende Schultypen sind zu unterscheiden:

a) *Begegnungsschulen*

Die meisten Begegnungsschulen gehen auf die Gründung deutscher Einwanderer zurück. Ziel dieser Schulen ist es, insbesondere fremdsprachige Kinder des Gastlandes zu einem zweisprachigen Schulabschluß mit Zuerkennung der Hochschulreife im Sitzland und falls möglich, auch in der Bundesrepublik zu führen. An den Begegnungsschulen wird den fremdsprachigen Schülern die Möglichkeit des „Deutschen Sprachdiploms der Kultusministerkonferenz" geboten.

Die besonderen Charakteristika der Begegnungsschulen sind:

- Intensiver Deutschunterricht mit Deutschlandkunde in den Sekundarstufen für die vorwiegend fremdsprachigen Schüler
- Zweisprachiger Fachunterricht mit Lehrplänen, die sowohl an deutschen Bestimmungen und Vorstellungen als auch an denen des Gastlandes orientiert sind
- Aufnahme fremdsprachiger Schüler nach vorbereitenden deutschen Sprachkursen und nach Ablegung einer Aufnahmeprüfung in die Sekundarstufe.

b) *Europäische Schulen*

Ursprünglich dienten diese Einrichtungen dem Ziel der schulischen Versorgung der Kinder der Bediensteten der Europäischen Gemeinschaften. Sie haben sich in der Zwischenzeit jedoch auch weiteren Schülerkreisen geöffnet. Gegenwärtig gibt es Europäische Schulen in Bergen, Brüssel, Culham, Karlsruhe, Luxemburg, Mol, München und Varese. Die Schulen unterrichten in sechs Sprachabteilungen (dänisch, deutsch, englisch, französisch, italienisch, und niederländisch) und führen zur Europäischen Reifeprüfung. Alle Schüler lernen ab der 1. Klasse eine erste Fremdsprache besonders intensiv.

c) *Deutschsprachige Auslandsschulen*

Diese Schulen sind vor allem in den Ländern entstanden, zu denen sich besonders enge Beziehungen entwickelt haben oder wo das deutsche wirtschaftliche Engagement sehr stark ist.

Dieser Schultyp weist folgende Charakteristika auf:

- Ausschließliche Ausrichtung auf deutsche Bildungsziele unter Verwendung deutscher Lehrpläne einschließlich der Oberstufenreform
- Deutsch als Unterrichtssprache und bevorzugte Berücksichtigung der Landessprache als Fremdsprache
- In der Regel keine Annahme von Kindern des Gastlandes
- In der Regel getragen durch einen privaten Schulverein.

Das pädagogische Ziel dieser Schulen ist die Betreuung deutscher Kinder im Ausland nach deutschen Lehrplänen, wobei ein Schulabschluß (Abitur oder Abschluß nach der 10. Klasse) angeboten oder die möglichst reibungslose Reintegration in das deutsche Bildungssystem bei der Rückkehr in die Bundesrepublik Deutschland ermöglicht wird.

Neben den herkömmlichen deutschsprachigen Auslandsschulen sind in den letzten Jahren zunehmend sogenannte Firmenschulen entstanden, die es Firmenangehörigen auch bei zeitlich begrenzter Auslandstätigkeit ermöglichen sollen, ihre Familien mitzunehmen.

d) *Fernunterricht*

Eine besondere Form schulischer Betreuung an Auslandsorten, an denen keine oder nur eine bedingte Ausbildungsmöglichkeit für deutsche Schüler vorhanden ist, stellt der Fernunterricht für deutsche Schüler im Ausland dar.

Die Fernlehrgänge sind auf das deutsche Schulsystem der Bundesrepublik ausgerichtet und bieten einen vollwertigen Ersatz für innerdeutschen Schulbesuch an für Vor- und Grund-, Haupt- und Realschüler und Gymnasiasten. Sie gewährleisten eine Wiedereingliederung in Inlandsschulen.

Die Fernlehrprogramme sind von der Staatlichen Zentralstelle für Fernunterricht der Länder der Bundesrepublik (Peter-Welter-Platz 2, 5000 Köln 1) geprüft und zugelassen.

Die Deutsche Fernschule (Sportfeld 2 A, 6300 Gießen-Kleinlinden) betreut Kinder der Vor- und Grundschulklassen 1–4 sowie Schüler der Kl. 5 in Deutsch und Mathematik.

Das Institut für Lernsysteme (Doberaner Weg 6–8, 2000 Hamburg 63) betreut Schüler der Orientierungsstufe (Kl. 5 u. 6) und der Sekundarstufe I (Kl. 7–10; seit August 84 bis Kl. 8 im Einsatz). Fernlehrgänge Kl. 9 u. Kl. 10 werden in den Folgejahren eingesetzt. Die Belegung einzelner Fächer oder von Fächerkombinationen ist in allen Klassenstufen möglich.

e) *Schulen mit verstärktem Deutschunterricht und sogenannte Sprachgruppenschulen*

Diese Einrichtungen sind zwar nicht zu den Begegnungsschulen zu rechnen, leisten jedoch wegen ihres guten Niveaus einen wichtigen Beitrag zum Schulwesen des Sitzlandes. Die nahezu ausschließlich fremdsprachigen Schüler dieser Schulen streben den landeseigenen Schulabschluß und im Deutschunterricht das deutsche Sprachdiplom an. Die sogenannten Sprachgruppenschulen wurden überwiegend von deutschen Einwanderern gegründet. Ihr Ziel ist die Erhaltung und Pflege der deutschen Muttersprache in bestehenden deutschsprachigen Gemeinschaften. Daher wird Deutsch meist auch in einem gewissen Umfang als Unterrichtssprache verwendet.

f) *Hinweis für Bewerber*

Das Bundesverwaltungsamt in Köln – Zentralstelle für das Auslandsschulwesen gibt ein Merkblatt für Lehrer, Sozialpädagogen und Erzieher, die vorübergehend im Ausland tätig werden wollen, heraus. Das Merkblatt kann beim Bundesverwaltungsamt (s. Seite 258) angefordert werden und enthält die von den Bewerbern zu erfüllenden Bedingungen sowie die besonderen arbeits- und versicherungsrechtlichen Fragen im Zusammenhang mit einer Tätigkeit an Auslandsschulen.

Ebenfalls vom Bundesverwaltungsamt wird ein Auslandsschulverzeichnis herausgegeben, das in regelmäßigen Abständen auf den neuesten Stand gebracht wird.

6. Zentrale Institutionen für die Arbeitsvermittlung ins Ausland

Generelle Auskünfte über Arbeitsmöglichkeiten im Ausland erteilt die Zentralstelle für Arbeitsvermittlung (ZAV),
Feuerbachstr. 42, 6000 Frankfurt/Main,
Tel. (069) 7 11 10, App. 232, 233, 467.

Ein besonderes Einsatzgebiet für Nachwuchskräfte, vor allem aber erfahrene Spezialisten, besteht bei zahlreichen internationalen Organisationen in aller Welt. Die Bundesrepublik Deutschland ist Mitglied in rd. 160 dieser Einrichtungen. Durch diese Mitgliedschaft hat sie die Möglichkeit, in begrenztem Umfang in den Organisationen personell vertreten zu sein. Darüber hinaus hat die Bundesregierung mit verschiedenen internationalen Organisationen Abkommen geschlossen, die eine Entsendung von sogenannten beigeordneten Sachverständigen oder nachgeordneten Beamten regeln. Die entstehenden Kosten werden von der Bundesregierung übernommen.

Beigeordnete Sachverständige sind im allgemeinen in Entwicklungsprojekten als Assistenten von Experten tätig. Nachgeordnete Beamte, eine wegen des fehlenden Beamtenstatus nicht ganz zutreffende Bezeichnung, sind meist in den Regionalbüros einiger Organisationen tätig und befassen sich mit der Betreuung, Steuerung und Überwachung von Entwicklungsprojekten. In folgenden Organisationen ist eine Tätigkeit möglich:

Vereinte Nationen (UN)

Organisation der UN für industrielle Entwicklungen (UNIDO)

Ernährungs- und Landwirtschaftsorganisation der UN (FAO)

Organisation der UN für Erziehung, Wissenschaft und Kultur (UNESCO)

Internationale Arbeitsorganisation (ILO)

Internationale Fernmeldeunion (IPU)

Zwischenstaatliches Komitee für europäische Auswanderung (ICEM)

Entwicklungsprogramm der UN (UNDP)

Amt des Hohen Kommissars der UN für Flüchtlinge (UNHCR)

Kinderhilfswerk der UN (UNICEF).

Auskünfte über Beschäftigungsmöglichkeiten in internationalen Organisationen gibt das Büro Führungskräfte zu internationalen Organisationen (BFIO), Feuerbachstr. 42, 6000 Frankfurt/Main, Tel. (069) 7111556.

Ansprechpartner ist ferner die Carl-Duisberg-Gesellschaft, Hohenstaufenring 30–32, 5000 Köln 1, Tel. (0221) 20980. Ihre Aufgabe ist u. a. die Vermittlung von zeitlich begrenzten Arbeitsplätzen in Europa und Übersee, vor allem in den USA, an deutsche Nachwuchskräfte.

7. Auslandsvertretungen der Bundesregierung

a) Auswärtiges Amt
Ref. 102

Adenauerallee 99–103
5300 Bonn 1
Tel.: (0228) 17-0

In der Aus- und Fortbildungsstätte des Auswärtigen Amtes (Anschrift: Gudenauer Weg 134–136, 5300 Bonn 1, Tel. wie oben) werden Akademiker aller Fachrichtungen für den Einsatz im Höheren Auswärtigen Dienst (Attachés) ausgebildet. Ausschreibungen erfolgen öffentlich in überregionalen Tageszeitungen. Die Bewerber (Höchstalter im allg. 32 Jahre) haben sich einem Auswahlwettbewerb zu unterziehen. Die Ausbildungszeit dauert zwei Jahre.

Außerdem werden an deutschen Botschaften im Ausland als entsandte Kräfte (im Unterschied zu Ortskräften) Beamte des gehobenen, mittleren und einfachen Dienstes eingesetzt, die ebenfalls vom Auswärtigen Amt ausgebildet werden. Bewerbungsvoraussetzung für den gehobenen Vorbereitungsdienst ist in der Regel Abitur, für den mittleren entsprechend mittlere Reife. Gute Chancen haben hierbei Bürokaufleute und Fremdsprachensekretärinnen. Für den einfachen Dienst kommen sämtliche technischen Berufe (Schlosser, Elektriker etc.) in Frage.

b) Bundesstelle für Außenhandelsinformation (BfAI)

Blaubach 13
5000 Köln 1
Tel. (0221) 20 57-1

Die BfAI, die als obere Bundesbehörde zum Geschäftsbereich des Bundeswirtschaftsministeriums gehört, führt über die angegliederte Gesellschaft für Außenhandelsinformation m. b. H. ein weltweites Netz von Wirtschaftskorrespondenten und bringt u. a. eine fünfmal wöchentlich erscheinende Fachzeitung für den Außenhandel heraus. Die Korrespondenten werden in der Zentrale ausgebildet bzw. auf ihren Einsatz im Ausland vorbereitet und sind in der Regel Wirtschaftswissenschaftler. Stellenausschreibungen erfolgen öffentlich in überregionalen Tageszeitungen.

8. Bundesakademie für öffentliche Verwaltung

Die Bundesakademie für öffentliche Verwaltung im Bundesministerium des Innern bietet Fortbildungsveranstaltungen an für Angehörige des höheren oder gehobenen Dienstes, die für Aufgaben innerhalb der inter- oder supranationalen Beziehungen des Bundes vorgesehen sind. Die Seminare bereiten auf Gespräche und Verhandlungen im Rahmen internationaler Konferenzen vor, vermitteln wirtschafts-, politik- und verwaltungswissenschaftliche Kenntnisse über das jeweilige Zielland sowie Fremdsprachenkompetenz. Die Akademie organisiert weiterhin den internationalen Austausch von Angehörigen der öffentlichen Verwaltung und ihrer Sprachendienste.

Weitere Auskünfte: Bundesakademie für öffentliche Verwaltung Friedrich-Ebert-Straße 1, 5300 Bonn 2, Tel. 0228/82 10.

9. Bundesverwaltungsamt

Zu den Aufgaben des Bundesverwaltungsamtes zählt nicht nur die Koordinierung des Auslandsschulwesens (vgl. Nr. 4 e). Als selbständige Bundesoberbehörde im Geschäftsbereich des Innenministeriums ist es zuständig für Fragen des Wanderungswesens allgemein und befaßt sich im Rahmen dieser Zuständigkeit unter anderem mit der Sammlung, Auswertung und Weitergabe von Informationen, die für einen zeitlich begrenzten Aufenthalt von Bedeutung sind.

Die Veröffentlichung erfolgt in Form von Merkblättern (z. Z. für über 150 Länder), in denen die Arbeits- und Lebensbedingungen in den einzelnen Ländern dargestellt sind. Die Merkblätter werden in Zusammenarbeit mit den deutschen Auslandsvertretungen und nach Auswertung einer Vielzahl von Quellen erstellt.

Das Bundesverwaltungsamt versendet auf Anfrage ein Verzeichnis der örtlichen Auskunfts- und Beratungsstellen.

Bundesverwaltungsamt
Barbarastraße 1
5000 Köln 60
Tel.: (0221) 77 80-0 Durchwahl: 77 80-27 40

Verzeichnis der verfügbaren Informationsschriften für Auslandtätige und Auswanderer

Erscheinungsfolge monatlich
Stand: Juni 1990

Land	**Nr.**	**Information**	**Stand**
Ägypten	87	Merkblatt	Nov. 1983
		1. Beilage	Jan. 1989
		2. Beilage	Aug. 1985
Äthiopien	34	Merkblatt	Nov. 1983
		1. Beilage	Juni 1984
Afghanistan	65	1. Beilage	Febr. 1987
		2. Beilage	März 1987
Algerien	113	Merkblatt	Febr. 1984
		1. Beilage	Febr. 1988
Angola	90	Hinweisblatt	Jan. 1982
		Ergänzung zum Hinweisblatt	Febr. 1984

Land	Nr.	Information	Stand
Argentinien	1	Merkblatt 1. Beilage	Aug. 1984 Juli 1988
Australien	2	Merkblatt 1. Beilage Beilage -S- (Soz. Sicherheit) Beilage „Erwerb von Haus- und Grundbesitz – Anmietung von Wohnraum“	Jan. 1990 Okt. 1988 Nov. 1986 Dez. 1988
Bahamas	127	1. Beilage	Dez. 1986
Bahrain	24	1. Beilage	Jan. 1989
Bangladesch	145	1. Beilage	Jan. 1989
Belgien	89	Merkblatt 1. Beilage 2. Beilage	Juli 1986 Okt. 1988 April 1987
Benin	103	Merkblatt 1. Beilage	Juni 1980 März 1983
Bermuda	146	Merkblatt 1. Beilage	Aug. 1988 Jan. 1988
Birma	139	1. Beilage 2. Beilage	Febr. 1989 Okt. 1986
Bolivien	36	1. Beilage	Okt. 1988
Botsuana	136	Merkblatt	März 1989
Brasilien	27	Merkblatt 1. Beilage 2. Beilage	März 1986 Jan. 1988 Sept. 1986
Brunei Darussalam	155	Merkblatt 1. Beilage	Nov. 1983 Jan. 1990
Bulgarien	18	1. Beilage 2. Beilage	Dez. 1987 Jan. 1981
Burkina Faso (früher Obervolta)	141	Merkblatt 1. Beilage	April 1983 Okt. 1986
Burundi	140	Merkblatt 1. Beilage	März 1983 Mai 1988

Land	Nr.	Information	Stand
Chile	6	1. Beilage 2. Beilage	Juni 1988 Okt. 1986
China (Volksrepublik)	134	2. Beilage	Juni 1983
Costa Rica	70	1. Beilage	Sept. 1988
Cote d'Ivoire (fr. Elfenbeinküste)	105	Merkblatt 1. Beilage	Aug. 1988 März 1988
Dänemark	96	Merkblatt 1. Beilage Beilage -S- (Soz. Sicherheit)	Jan. 1989 Dez. 1987 Nov. 1989
Dominik. Republik	64	Merkblatt 1. Beilage	Mai 1988 Jan. 1988
Elfenbeinküste	105	s. Cote d'Ivoire	
El Salvador	109	1. Beilage 2. Beilage	Jan. 1988 Nov. 1986
Fidschi	157	Merkblatt	Nov. 1984
Finnland	72	1. Beilage	Sept. 1988
Frankreich	53	Merkblatt 1. Beilage Beilage -S- (Soz. Sicherheit) Beilage -A- (Arbeitsrecht) Beilage „Erwerb von Haus- und Grundbesitz"	Dez. 1988 Sept. 1988 Nov. 1988 Juli 1988 Dez. 1989
Gabun	129	Merkblatt 1. Beilage	April 1982 Juli 1984
Gambia	143	Merkblatt 1. Beilage	April 1981 Jan. 1985
Ghana	79	Merkblatt 1. Beilage	Sept. 1985 Sept. 1985
Griechenland	88	Merkblatt Ergänzung zum Merkblatt 1. Beilage 2. Beilage	April 1987 Dez. 1988 Aug. 1987 April 1986

Land	Nr.	Information	Stand
Groß-britannien	51	s. Vereinigtes Königreich	
Guatemala	68	1. Beilage	Aug. 1986
Guinea	59	Merkblatt 1. Beilage	Jan. 1990 April 1989
Haiti	67	1. Beilage	April 1988
Honduras	15	1. Beilage	Aug. 1988
Hongkong	81	1. Beilage	Febr. 1988
Indien	54	Merkblatt 1. Beilage 2. Beilage	März 1986 Juli 1989 Aug. 1989
Indonesien	41	Merkblatt 1. Beilage	Nov. 1989 April 1988
Irak	30	1. Beilage	Febr. 1989
Irland	71	Merkblatt 1. Beilage	April 1985 Sep. 1987
Island	130	1. Beilage	Sept. 1987
Israel	85	Merkblatt 1. Beilage	Jan. 1983 Febr. 1987
Italien	80	Merkblatt 1. Beilage 2. Beilage Beilage -S- (Soz. Sicherheit)	Dez. 1988 Dez. 1987 Sept. 1986 Febr. 1987
Jamaika	106	1. Beilage 2. Beilage	Jan. 1986 Nov. 1986
Japan	91	Merkblatt 1. Beilage 2. Beilage	Juli 1986 März 1989 Aug. 1986
Jemen (Arab. Republik)	75	Merkblatt 1. Beilage	Nov. 1982 Juli 1987
Jemen (Demokratische Volksrepublik)	151	2. Beilage	März 1987

Land	Nr.	Information	Stand
Jordanien	115	Merkblatt 1. Beilage 2. Beilage	Mai 1982 Jan. 1989 Juli 1983
Jugo- slawien	20	2. Beilage	Aug. 1984
Kamerun	97	Merkblatt 1. Beilage	Aug. 1986 Aug. 1986
Kanada	25	Merkblatt 1. Beilage Toronto/Ontario 1. Beilage Britisch Kolumbien Beilage -S- (Soz. Sicherheit)	Sept. 1988 Nov. 1988 Aug. 1988 Dez. 1988
Katar	154	Merkblatt 1. Beilage	Dez. 1982 März 1989
Kenia	104	Merkblatt 1. Beilage	Juni 1986 April 1985
Kolumbien	17	1. Beilage	Juli 1986
Kongo	58	Merkblatt 1. Beilage	März 1983 Okt. 1988
Korea (Republik)	5	Merkblatt 1. Beilage 2. Beilage	Febr. 1987 Jan. 1989 Febr. 1987
Kuba	9	1. Beilage	Sept. 1988
Kuwait	66	Merkblatt Ergänzung zum Merkblatt 1. Beilage 2. Beilage	April 1979 Jan. 1980 Juni 1987 Jan. 1987
Laos	120	2. Beilage	Aug. 1986
Lesotho	156	Merkblatt Ergänzung zum Merkblatt 1. Beilage	Febr. 1984 März 1985 Febr. 1984
Libanon	135	1. Beilage	Febr. 1982
Liberia	29	Merkblatt 1. Beilage	März 1988 Juni 1988
Libyen	102	Merkblatt 1. Beilage	April 1986 April 1986

Land	Nr.	Information	Stand
Luxemburg	100	Merkblatt	Dez. 1988
		1. Beilage	Mai 1988
Malawi	116	Merkblatt	Juni 1988
		1. Beilage	April 1988
Malaysia	55	Merkblatt	Febr. 1986
		1. Beilage	Febr. 1988
Mali	99	Merkblatt	März 1983
		1. Beilage	Juli 1986
Malta	131	1. Beilage	Okt. 1987
Marokko	13	Merkblatt	Okt. 1986
		1. Beilage	Aug. 1989
		2. Beilage	Juli 1986
Mauretanien	152	Merkblatt	Juni 1981
Mauritius	33	Merkblatt	Jan. 1982
Mexiko	46	1. Beilage	Juni 1987
Mosambik	108	Hinweisblatt	Okt. 1984
Nepal	142	1. Beilage	Febr. 1989
		2. Beilage	Sept. 1986
Neuseeland	47	Merkblatt	Okt. 1989
		1. Beilage	Jan. 1990
Nicaragua	107	1. Beilage	Aug. 1989
Niederlande	74	Merkblatt	April 1989
		1. Beilage	März 1987
		2. Beilage	März 1986
Niger	98	Merkblatt	März 1985
		1. Beilage	Juli 1985
Nigeria	78	Merkblatt	Sept. 1988
		1. Beilage	März 1988
Norwegen	76	Merkblatt	Okt. 1982
		1. Beilage	Mai 1988
Österreich	83	1. Beilage	April 1989
		2. Beilage	Dez. 1988
		Beilage -S- (Soz. Sicherheit)	Mai 1989

Land	Nr.	Information	Stand
Oman	125	Merkblatt 1. Beilage	Aug. 1982 März 1989
Pakistan	56	1. Beilage 2. Beilage	Juli 1985 März 1987
Panama	8	1. Beilage	Aug. 1986
Papua-Neuguinea	148	1. Beilage	Febr. 1988
Paraguay	7	Merkblatt 1. Beilage	Juni 1984 Aug. 1988
Peru	42	1. Beilage	Nov. 1986
Philippinen	138	Merkblatt 1. Beilage	Jan. 1988 Febr. 1983
Polen	126	1. Beilage 2. Beilage	Sept. 1986 Juli 1986
Portugal	60	Merkblatt 1. Beilage 2. Beilage	April 1988 Febr. 1989 Mai 1988
Puerto Rico	110	1. Beilage	Juli 1988
Ruanda	144	Merkblatt 1. Beilage	Dez. 1986 Jan. 1988
Rumänien	114	1. Beilage 2. Beilage	Mai 1986 März 1988
Sambia	21	Merkblatt Ergänzung zum Merkblatt 1. Beilage 2. Beilage	Febr. 1984 Juni 1984 Juni 1988 Sept. 1986
Saudi-Arabien	39	1. Beilage	Nov. 1988
Schweden	22	1. Beilage Beilage -S- (Soz. Sicherheit)	Okt. 1987 Febr. 1985
Schweiz	45	Merkblatt 1. Beilage 2. Beilage	Juni 1985 Dez. 1988 Jan. 1988
Senegal	92	Merkblatt 1. Beilage	April 1984 April 1987

Land	Nr.	Information	Stand
Seschellen	149	Merkblatt	April 1985
		1. Beilage	Juli 1985
Sierra Leone	117	Merkblatt	Jan. 1986
		1. Beilage	Jan. 1988
Simbabwe	153	Merkblatt	Dez. 1986
		1. Beilage	Jan. 1987
Singapur	122	Merkblatt	Jan. 1987
		1. Beilage	Okt. 1988
Somalia	86	Merkblatt	Mai 1985
		1. Beilage	Jan. 1989
		2. Beilage	Okt. 1986
Spanien	48	Merkblatt	März 1987
		1. Beilage	Okt. 1989
		2. Beilage	Nov. 1981
		Beilage -A- (Arbeitsrecht)	Dez. 1988
		Beilage -S- (Soz. Sicherheit)	Aug. 1987
		Beilage „Erwerb von Haus- und Grundbesitz“	Dez. 1988
Sri Lanka	69	1. Beilage	Jan. 1989
		2. Beilage	Aug. 1988
Sudan	31	Merkblatt	Juli 1982
		1. Beilage	März 1985
		2. Beilage	Mai 1981
Südafrika	28	Merkblatt	Juli 1982
		Ergänzung zum Merkblatt	April 1984
		1. Beilage	Febr. 1990
Syrien	32	1. Beilage	April 1987
Taiwan	57	Merkblatt	Nov. 1978
		Ergänzung zum Merkblatt	Mai 1983
		1. Beilage	Sept. 1989
Tansania	95	Merkblatt	Aug. 1982
		1. Beilage	Mai 1986
		2. Beilage	Okt. 1986
Thailand	93	Merkblatt	Juni 1988
		1. Beilage	Juni 1989
		2. Beilage	Jan. 1984
Togo	77	Merkblatt	Febr. 1989
		1. Beilage	Febr. 1989

Land	Nr.	Information	Stand
Trinidad und Tobago	123	Merkblatt	Sept. 1986
Tschechoslowakei	121	1. Beilage 2. Beilage	Okt. 1987 April 1983
Türkei	38	Merkblatt 1. Beilage 2. Beilage	Dez. 1986 Mai 1989 März 1983
Tunesien	16	Merkblatt 1. Beilage 2. Beilage	Aug. 1989 Jan. 1989 Juni 1985
UdSSR	133	1. Beilage 2. Beilage	März 1989 Febr. 1982
Uganda	3	1. Beilage	Mai 1984
Ungarn	128	1. Beilage 2. Beilage	Okt. 1987 Febr. 1990
Uruguay	44	1. Beilage	Jan. 1990
Venezuela	4	1. Beilage	Nov. 1987
Vereinigte Arabische Emirate	124	Merkblatt 1. Beilage	Okt. 1986 Febr. 1989
Vereinigte Staaten von Amerika	26	Merkblatt 1. Beilage New York 1. Beilage Großraum Houston Beilage -S- (Soz. Sicherheit)	Febr. 1988 März 1988 Jan. 1990 Juli 1988
Vereinigtes Königreich	51	Merkblatt 1. Beilage 2. Beilage Beilage -S- (Soz. Sicherheit)	Okt. 1987 Juli 1988 Jan. 1986 Febr. 1987
Vietnam	132	1. Beilage 2. Beilage	Jan. 1989 Febr. 1987
Zaire	40	Merkblatt 1. Beilage	Sept. 1982 März 1989
Zentralafrikanische Republik	147	Merkblatt	Mai 1987
Zypern	137	Merkblatt 1. Beilage	Febr. 1980 Jan. 1989

	Nr.	Information	Stand
Islamische Eheverträge	10	Merkblatt	Mai 1989
Leitfaden für Arbeitsverträge bei Auslandstätigkeit	11	Merkblatt	März 1989
Verzeichnis der Beratungsstellen	12	Merkblatt	Dez. 1988
Umrechnung angelsächs. Einheiten in das internationale Einheitssystem	19	Merkblatt	Okt. 1982
Ratschläge zur Erhaltung der Gesundheit in tropischen und subtropischen Ländern	23	Merkblatt	Aug. 1988
Versicherung bei Auslandsaufenthalten	82	Merkblatt	Nov. 1989
Bundesrepublik Deutschland	119	Merkblatt	Dez. 1985
		Merkblatt (englisch)	Dez. 1985
		Merkblatt (französisch)	Dez. 1985
		1. Beilage	Jan. 1990
		2. Beilage	Dez. 1985
		Ergänzung zur 2. Beilage	Sept. 1986

Inhalt der Informationsschriften

Merkblätter:

Allgemeine Übersicht
Bevölkerung
Geschichte
Staats- und Regierungsform
Parteien
Rechtswesen
Religion
Sprache
Bildungswesen
Presse-Rundfunk-Fernsehen
Kultur-Geselligkeit-Sport
Maße-Gewichte-Zeit
Energieversorgung
Wirtschaft
Verkehr
Einreisebestimmungen
Aufenthaltsbestimmungen
Einfuhr- und Zollbestimmungen
Arbeits- und berufsrechtliche Bestimmungen
Gesundheitswesen
Gewerkschaften
Soziale Sicherheit
Erwerb von Grund und Boden
Steuern
Wehrdienst
Erwerb der Staatsangehörigkeit
Wahlrecht für Deutsche im Ausland
Wichtige Anschriften

1. Beilagen:

Währung
Devisenbestimmungen
Lebenshaltungskosten
Arbeitsmarktlage
Löhne und Gehälter
Steuersätze
Sozialversicherungsbeiträge

2. Beilagen:

Eherechtliche Bestimmungen
Stellung der Frau
Kindschaftsrecht
Fragen der Staatsangehörigkeit
Erbrecht

IV. Musterbriefe und Vokabularium

Bei der Korrespondenz mit ausländischen Institutionen und Dienststellen empfiehlt es sich, die Briefe in der Sprache des Empfängerlandes zu schreiben, um möglichst bald eine Antwort ohne Mißverständnisse zu erhalten. In der Praxis stellt sich dies oft als eine Hemmschwelle dar.

Deshalb finden Sie nachfolgend zwei einfache Musterbriefe für Bewerbungen, die sowohl in Deutsch als auch in Englisch, Französisch und Spanisch abgedruckt sind. Mit Hilfe der ebenfalls beigefügten Liste der korrekten fremdsprachlichen Bezeichnungen von deutschen Studienabschlüssen und Ausbildungsstätten lassen sich die Briefe leicht in einzelnen Elementen austauschen und somit der individuellen Situation anpassen. Dabei empfiehlt es sich, hinter die fremdsprachliche Bezeichnung immer die deutsche Originalbezeichnung zu setzen.

Hans Reiser

Landwehr 10
4321 Neudorf
1. März 19 . . .

An den
Direktor der Landwirtschaftskammer
in

.....

Vermittlung einer Praktikantenstelle

Sehr geehrter Herr Direktor,

im Sommer dieses Jahres werde ich meine dreijährige Lehre als Landwirt mit der Gesellenprüfung abschließen. Ich bin 20 Jahre alt und unverheiratet. Bevor ich anfange, im elterlichen Betrieb mitzuarbeiten, würde ich gerne 1 Jahr lang in einem französischen landwirtschaftlichen Betrieb arbeiten.

Ich wäre Ihnen dankbar, wenn Sie mir mitteilen könnten, unter welchen Bedingungen dies grundsätzlich möglich ist, welche administrativen Schritte zu unternehmen sind und an wen ich mich wenden kann. Ich habe Anfangskenntnisse des Französischen, bin auf Pflanzenbau spezialisiert und würde gerne in einem kleineren Betrieb in der Nähe von . . . arbeiten.

Ich hoffe bald von Ihnen zu hören und verbleibe

mit freundlichen Grüßen

To the Director
of the Chamber of Agriculture

1023 Sherman Ave.
Goodland, Kansas 6 77 35

Hans Reiser
Landwehr 10
4321 Neudorf

1st March 19 . . .

Re.: Practical training

Dear Sir,

In the summer of this year, I shall take my final examination after three years of agricultural apprenticeship. I am 20 years old and single. Before starting work on my parents' farm, I should like to gain practical experience on an English (American) farm. I have a basic understanding of the English language.

I should be very grateful if you would kindly inform me of the conditions required for such an activity, what administrative steps have to be taken, and to whom applications should be addressed. During my apprenticeship, I specialized on plant cultivation. I should like to work on a smaller farm near Goodland.

I hope to hear from you soon.

Yours faithfully,

Hans Reiser
Landwehr 10
4321 Neudorf

Neudorf, le 1. Mars 19 . . .

M. le Directeur
de la Chambre d'Agriculture

28, avenue des Charmettes
F-31500 Toulouse

Concerne: Stage en France

Monsieur le Directeur,

Cet été je vais passer l'examen final après trois ans d'apprentissage agricole. J'ai vingt ans et je suis célibataire. Avant de commencer à travailler dans l'exploitation agricole de mes parents, j'aimerais faire un stage d'un an dans une exploitation française.

Je vous serais très obligé de bien vouloir m'indiquer les conditions à satisfaire et les démarches administratives à suivre, ainsi que l'institution à laquelle je devrais m'adresser. Je me suis spécialisé dans la production végétale, et j'aimerais travailler dans une petite exploitation près de Toulouse.

En espérant une réponse rapide de votre part, je vous prie de croire, Monsieur le Directeur, à l'assurance de mes sentiments très distingués.

Hans Reiser
Landwehr 10
D-4321 Neudorf

Neudorf, 1 de marzo de 1990

Al Señor Director
de la Camera Agricola
en . . .

Estimado Señor Director.

En el verano de este año dare un examen final de aprendizaje en agricultura (3 años). Yo tengo 20 años de edad, soltero. Antes de empezar en la granja de mis padres me gustaria trabajar por un año en una granja de España.

Yo le estaria agradecido, si Usted me pudiera informar sobre las posibilidades de esto, y que formalidades debo hacer, y a quien me debo dirigir. Yo tengo un poco de conocimientos en el idioma Español. Me gustaria trabajar en las cercanias de . . .   .

Esperando a una pronta respuesta, le saluda atentamente.

Klaus Richter

Bürgerstr. 56/58
3400 Göttingen
1. März 19 . . .

An das
Rektorat der
Universität Innsbruck

Studium

Sehr geehrte Herren,

ich bin 23 Jahre alt und studiere zur Zeit im 6. Semester Rechtswissenschaften an der Universität Göttingen.

Ich würde gerne von September 19... bis Juli 19... an Ihrer Universität studieren und bitte Sie, mir die für die Einschreibung nötigen Unterlagen und Formulare zuzusenden.
Gleichzeitig bitte ich Sie, mir mitzuteilen, unter welchen Bedingungen ich in einem Studentenwohnheim Unterkunft finden und ein Stipendium oder den Erlaß der Studiengebühren erlangen kann.

Ich hoffe bald von Ihnen zu hören und verbleibe

mit freundlichen Grüßen

Dean of Admissions
Washburn University
1700 College Ave.
Topeka, Ks 6 66 21

Klaus Richter
Bürgerstr. 56/58
3400 Göttingen

1th March 19 . . .

Re.: Studies at Washburn University

Dear Sir,

I am 23 years old and I am at present in my third year of studying law at Göttingen University.

I should like to study at your university from September 19... to July 19... and kindly request that you send me the documents and forms required for matriculation. At the same time, would you please be so kind as to inform me of the conditions for accomodation in a students' residence and for obtaining a scolarship or exemption from fees.

I hope to hear from you soon.

Yours faithfully,

Klaus Richter
Bürgerstr. 56/58
3400 Göttingen

Göttingen, le 1. mars 19 . . .

Monsieur le Président
de l'Université
Bordeaux

Concerne: Etudes à l'Université de Bordeaux

Monsieur,

J'ai 23 ans et je suis étudiant en droit (troisième année) à l'Université de Göttingen.

J'aimerais suivre des cours dans votre Université à partir de septembre 19... jusqu' en juillet 19... et vous serais très obligé de bien vouloir m'envoyer les documents et formulaires requis pour l'inscription. Veuillez m'indiquer en outre les conditions à satisfaire pour obtenir une place dans une cité universitaire, pour obtenir une bourse ou être dispensé des droits d'inscription.

En espérant très prochainement une réponse de votre part, je vous prie d'agréer, Monsieur, mes respectueuses salutations.

Klaus Richter
Bürgerstr. 56/58
D-3400 Göttingen

Göttingen, 1 de marzo de 1990

Al Rectorado de la
Universidad de Madrid

Señor Rector.

Yo tengo 23 años de edad y estudio en estos momentos el 6to semestre de jurisprudencia en la universidad de Göttingen en Alemania.

Mi interes seria estudiar en su universidad desde el mes de septiembre de 1991 hasta julio de 1992. Por esto le pido informacion y formularios para mi inscripcion, como también en que condiciones puedo encontrar una Residencia de Estudiantes, una beca o derechos libres de matricula.

Esperando a una pronta respuesta, le saluda atentamente.

Vokabularium

Beispiele für Ausbildungsstätten und Studienabschlüsse in Englisch, Französisch oder Spanisch

Deutsch	Englisch	Französisch	Spanisch
I. Schulen und Ausbildungsstätten			
Grundschule	Elementary School	Ecole primaire	Escuela primaria
Mittelschule/ Realschule	Secondary School	Collège d'enseignement secondaire – premier cycle	Escuela secundaria
Gymnasium/ Oberschule	High School	Lycée	Instituto enseñanza media
Berufsschule	Vocational School (part–time)	Ecole professionelle à temps partiel	Escuela profesional
Fachschule	Professional School	Ecole professionelle	Escuela especial
Ingenieurschule	Academy of Engineering	Ecole d'ingénieurs	Escuela industrial de iugeneria
Fachhochschule	Professional College	Ecole professionelle supérieure	Escuela profesional superior
Technische Hochschule	Technical University	Institut universitaire de technologie	Escuela superior técnica
Universität	University	Université	Uníversidad
II. Examina			
Abitur	High School Diploma	Baccalauréat	Bachillerato
Praktikum	Training (Medizin: Internship)	Stage pratique	Prácticas
Vordiplom	Intermediate Examination, Equivalent to Bachelor Degree	Examen intermédiaire	Antediploma
Hauptdiplom	Diploma, Master Degree	Diplôme d'études supérieures	Diploma general
Diplomarbeit	Thesis	Mémoire (nur geisteswissenschaftlich)	Tesina

Deutsch	Englisch	Französisch	Spanisch
Dissertation	Dissertation	Thèse	Tesis doctoral
Promotion	Doctorate/PhD	Doctorat	Doctorado
Referendarprüfung	First State Examination in Law	Examen de barreau/ licence en droit	Examen de Licenciatura
Assessorprüfung	2nd State Examination in Law	Second examen d'Etat	Examen de aspirante a la juricatura
Diplom-Volkswirt	Master of Economics	Licencié ès sciences économiques	Diploma de economia
Diplom-Kaufmann	Master of Business Administration	Licencié ès sciences économiques	Intendente mercantil
Diplom-Soziologe	Master of Arts (Sociology) / Master of Science (Social Sciences)	Licencié ès sciences sociales	Intendente de sociologia
Diplom-Politologe	Master of Political Science	Licencié ès sciences politiques	Diplomado en ciencias politicas
Diplom-Landwirt	Master of Agriculture	Ingénieur agronome (Grande Ecole)	Ingeniero agronomo
Diplom-Agrar-ökonom	Master of Agrarian Economics	Ingenieur agronome (Grande Ecole)	Economista agrario diplomado
Diplom-Wirtschafts-ingenieur	Master of Science (Industrial engineer)	Ingénieur économiste (Grande Ecole)	Ingeniero economico diplomado

Beispiele für vergleichbare Übersetzungen von Berufsbezeichnungen

Deutsch	Englisch	Französisch	Spanisch
I. Öffentliche Verwaltung			
Abteilungsleiter	Head of Division	Directeur	Jefe de sección
Leiter der Abteilung . . .	Head of . . . Division (Großbritannien: Deputy Secretary)	Directeur (des Affaires politiques, culturelles, etc.)	Director de sección
Leiter der Unterabteilung . . .	Head of . . . Sub-Division (Großbritannien: Under-Secretary)	Directeur adjoint/ Sous-Directeur (des Affaires politiques, etc.)	Director de subsección
Leiter des Ministerbüros	Principal Private Secretary	Directeur du Cabinet	Jefe de despacho del ministerio
Persönlicher Referent	Personal Assistant/ Private Secretary	Chef de Cabinet/ Secrétaire particulier	Jefe de gabinete
Referent	Head of Section (Großbritannien: Assistant Secretary)	Chef de Service/ Chef de Section	Jefe de sección
Hilfsreferent	Assistant Head of Section / Officer, . . . Section	Conseiller	Asistente de jefe de sección
Beamter im Verbindungsstab	Liaison Officer		
Pressereferent	Press Officer	Chef du Service de Presse	Jefe de prensa
Wissenschaftlicher Assistent (Hochschule)	Assistant Professor	Assistant de Professeur	Asistente de profesor
Wissenschaftlicher Mitarbeiter (Hochschule)	Research Associate	Assistant de Recherche	Cosaborador cientifico

Deutsch	Englisch	Französisch	Spanisch
II. Wirtschaft und Unternehmen			
Geschäftsführer	Executive Manager	Directeur	Gerente
Stellv. Direktor	Deputy Director	Directeur adjoint	Director adjunto
Direktionsassistent	Assistant to the Director	Assistant de Direction	Asistente de dirección
Beauftragter	Representative	Représentant	Delegado
Sonderbeauf-tragter	Special Representative	Représentant special	Delegado especial
Leitender Berater	Senior Adviser	Conseiller principal	Consejero de dirección
Sachverständiger Berater	Expert Consultant	Expert Conseiller	Asesor experts
Fachberater	Consultant	Conseiller	Asesor técnico
Rechtsberater	Legal Adviser	Conseiller juridique	Asesor jurídico
Leitender Ange-stellter	Executive	Cadre	Ejecutivo
Leiter des Rechnungswesens	Controller	Trésorier (beson-ders Finanzabtei-lung)	Jefe de contabilidad
Leiter der Forschung	Research Director	Directeur de recherche	Jefe de investigacion
Betriebsleiter	Production Manager	Chef de production	Jefe técnico
Gruppenleiter	Chief of Section	Chef de groupe	Jefe de equipo
Rechnungsprüfer	Auditor	Chef comptable	revisor de cuentas